PRE-FLIGHT CABIN SERVICE

비행 준비부터 이륙 전까지

비행 전 객실서비스

수정판

Cengage

***Pre-flight Cabin Service: From Preparation to Take-off,* Revised Edition**

Yoo Moon Ju
Kim Seung Mi

ISBN-13: 978-89-6218-581-2

Cengage Learning Korea Ltd.
14F YTN Newsquare 76 Sangamsan-ro
Mapo-gu Seoul 03926 Korea

Cengage is a leading provider of customized learning solutions with employees residing in nearly 40 different countries and sales in more than 125 countries around the world. Find your local representative at: **www.cengage.com.**

To learn more about Cengage Solutions, visit **www.cengageasia.com.**

Printed in Korea
Print Number: 01 Print Year: 2025

PRE-FLIGHT CABIN SERVICE

수정판

비행 준비부터 이륙 전까지

비행 전 객실서비스

유문주 · 김승미 지음

Cengage

Australia • Brazil • Canada • Mexico • Singapore • United Kingdom • United States

저자 약력

유문주

인하대학교 불어불문학 전공
한국항공대학교 경영학 석사 및 박사
대한항공 항공객실승무원 23년 근무(수석사무장으로 퇴임)
현) 인하공업전문대학 항공운항과 교수 / 한국항공경영학회 이사 / 한국항공전략연구원 연구위원

김승미

건국대학교 국어국문학과 전공
한양대학교 국제관광대학원 관광 · 호텔경영 석사
인하공업전문대학 서비스학부 항공운항과 겸임교수
현) 대한항공 객실사무장

비행 전 객실서비스 비행 준비부터 이륙 전까지

초판 1쇄 발행 | 2021년 3월 04일
수정판 1쇄 발행 | 2025년 2월 14일

지은이 | 유문주, 김승미
발행인 | 리리안후아, 탄록민
편집기획 | 김민정
발행처 | 센게이지러닝코리아㈜
등록번호 | 제313-2007-000074호(2007.3.19.)
주　소 | 서울시 마포구 상암산로 76 YTN 뉴스퀘어 14층
이메일 | asia.infokorea@cengage.com
홈페이지 | www.cengage.co.kr

ISBN-13: 978-89-6218-581-2

정가 23,000원

머리말

NCS 항공 객실 서비스 직무는 객실 승무원의 업무를 시점별로 크게 승객 탑승 전, 승객 탑승 중, 이륙 전, 비행 중, 착륙 전, 착륙 후로 나누었습니다. 이 교재에서는 NCS 항공 객실 서비스 직무 중 **'승객 탑승 전'**, **'승객 탑승 중'**, **'이륙 전'**에 해당하는 업무를 다루며, '비행 전'이라는 시점을 **'출발 1일 전'**, **'출발 당일'**, **'항공기 탑승 후'**로 크게 세 개로 나누었습니다. 그리고 이 세 시점을 보다 이해하기 쉽게 설명하기 위해 **'출발 1일 전'**, **'출근 전'**, **'출근 후'**, **'승객 탑승 전'**, **'승객 탑승 중'**, **'승객 탑승 후'**로 나누어 시점별 객실 승무원이 수행하는 업무를 설명합니다.

여러분은 '시작이 반이다.'라는 속담을 들어 보았을 것입니다. 비행도 마찬가지입니다. 흔히 객실 승무원들은 승객 탑승이 끝나고 항공기 Door를 닫고 나면 "비행의 반이 끝났다."라고 말합니다. 그만큼 객실 승무원의 업무가 이륙 전까지에 집중되어 있음을 알 수 있습니다.

이 교재에서는 객실 승무원이 비행을 하기 위해 하루 전에 어떠한 준비를 하는지를 알아보면서 시작합니다. **현직 객실 승무원의 생생한 경험**과 **최신 비행 업무 지식**을 바탕으로, 비행 출발 당일이 되어 출근 준비, 출근, 비행기 탑승 후까지의 객실 승무원 업무를 풀어 나갑니다.

이 교재에서 다루고 있는 객실 승무원의 업무는 출발을 위해, 그리고 완벽한 비행을 위해 준비하고 점검하는 업무입니다. 준비와 점검을 위해서는 우선 기본적인 비행 업무 관련 이론 습득이 필요합니다. 다소 생소한 비행 용어와 개념은 이해하기 쉽게 구체적으로 설명하였고, 실제 항공기 사진과 **실습 및 현장 실무 사진**으로 이론과 병행할 실습의 효과를 높이고자 하였습니다.

이론 설명 사이에 **'Tip' 파트**를 구성하여 객실 승무원이라면 알아두어야 할 비행 상식을 풍부하게 채워 넣었으며, 평상시 여러분이 객실 승무원에게 궁금했던 사항들을 질문하고 객실 승무원이 답변하는 **'Q&A' 파트**를 삽입했습니다. 'Q&A' 파트의 답변은 현재 비행을 하고 있는 여러 객실 승무원들의 실제 이야기를 바탕으로 구성하여 학습의 재미를 높이고자 하였습니다.

처음, 시작, 출발, 준비란 말은 언제나 설레는 말입니다. 이 교재를 접하는 학생들 대부분이 이제 막 항공 객실 승무원이 되고자 첫발을 내디딘 신입생일 것입니다. 여러분은 항공 객실 승무원이 되기 위해 그동안 배운 학문과는 다른 항공 전문 지식을 쌓게 될 것입니다. 그리고 이러한 항공 전문 지식을 기반으로 고객 서비스를 수행할 수 있는 실무 능력을 키우게 됩니다.

이 교재를 통해 객실 승무원이 되고자 하는 꿈을 가진 여러분의 항공 전문 지식 습득을 시작할 수 있게 되어 저자로서 매우 보람되고 감사합니다. 객실 승무원이라는 꿈을 구체화할 수 있는 첫 실습 교재가 되길 바랍니다.

이 교재를 위해 생생한 현장의 모습을 담아 주고, 자료 제공에 적극적으로 도움을 주신 여러 객실 승무원분들, 조언해 주신 인하공업전문대학 항공운항과 교수님들, 교재 속 사진을 위해 멀리서도 한걸음에 달려와 준 인하공업전문대학 항공운항과 재학생 및 졸업생 친구들, 언제나 아낌없이 응원해 주신 사랑하는 가족들, 많은 도움을 주신 센게이지 출판사 직원분들께 진심 어린 감사의 인사를 드립니다.

끝으로 전 세계적으로 어려운 상황 속에서도 늘 도전을 멈추지 않고 도약하는 글로벌 항공사 대한항공에 깊은 감사의 말씀을 전하며, 현장에서 근무하는 모든 임직원분의 건승을 기원합니다.

2021년 2월

저자 유문주, 김승미

NCS 들어가기

1. 국가직무능력표준의 개념

국가직무능력표준(National Competency Standards, NCS)은 산업 현장에서 직무를 수행하는 데 필요한 지식, 기술, 소양 등을 국가가 산업 부문별, 수준별로 체계화하여 국가적 차원에서 표준화한 것이다.

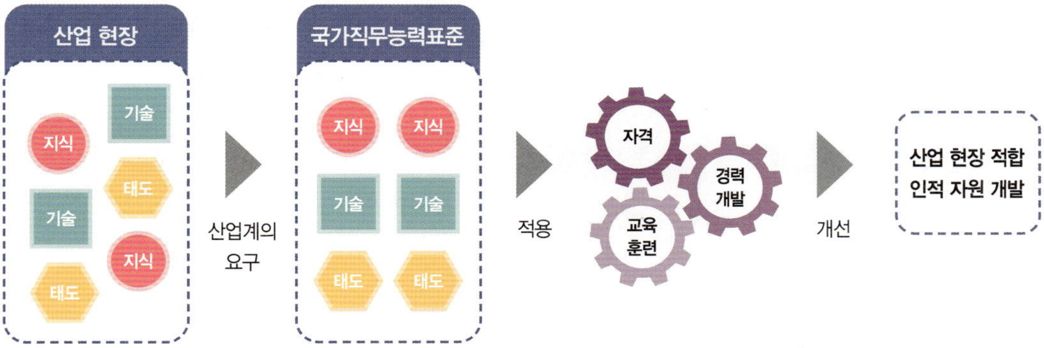

2. 국가직무능력표준의 구성

- 직무는 국가직무능력표준 분류 체계의 세분류를 의미하며, 원칙상 세분류 단위에서 표준이 개발된다.
- 능력 단위는 국가직무능력표준 분류 체계상 세분류의 하위 단위로서 국가직무능력표준의 기본 구성 요소에 해당한다.

※ 능력 단위는 능력 단위 분류 번호, 능력 단위 명칭, 능력 단위 정의, 능력 단위 요소(수행 준거, 지식 · 기술 · 태도), 적용 범위 및 작업 상황, 평가 지침, 직업 기초 능력으로 구성됨

구성 항목	내용
능력 단위 분류 번호(competency unit code)	• 능력 단위를 구분하기 위해 부여하는 일련번호로서 열두 자리로 표현
능력 단위 명칭(competency unit title)	• 능력 단위의 명칭을 기입한 것
능력 단위 정의(competency unit description)	• 능력 단위의 목적, 업무 수행 및 활용 범위를 개략적으로 기술
능력 단위 요소(competency unit element)	• 능력 단위를 구성하는 중요한 핵심 하위 능력을 기술
수행 준거(performance criteria)	• 능력 단위 요소별로 성취 여부를 판단하기 위해 개인이 도달해야 하는 수행의 기준을 제시
지식 · 기술 · 태도(KSA)	• 능력 단위 요소를 수행하는 데 필요한 지식 · 기술 · 태도
적용 범위 및 작업 상황(range of variable)	• 능력 단위를 수행하는 데 관련되는 범위와 물리적 혹은 환경적 조건 • 능력 단위를 수행하는 데 관련되는 자료, 서류, 장비, 도구, 재료
평가 지침(guide of assessment)	• 능력 단위의 성취 여부를 평가하는 방법과 평가 시 고려해야 할 사항
직업 기초 능력(key competency)	• 능력 단위별로 업무 수행을 위해 기본적으로 갖추어야 할 직업 능력

3. 국가직무능력표준의 수준 체계

수준	직무 수준 정의
8수준	해당 분야의 최고도 이론 및 지식을 활용하여 새로운 이론을 창조할 수 있고, 최고도의 숙련으로 광범위한 기술적 작업을 수행할 수 있으며, 조직 및 업무 전반에 대한 권한과 책임이 부여된 수준
	[역량] • 조직 및 업무 전반에 대한 권한과 책임이 부여된 수준
	[경력] • 7수준에서 2~4년 정도의 계속 업무 후 도달 가능한 수준
7수준	해당 분야의 전문화된 이론 및 지식을 활용하여 고도의 숙련으로 광범위한 작업을 수행할 수 있으며 타인의 결과에 대해 의무와 책임이 필요한 수준
	[지식 기술] • 해당 분야의 전문화된 이론 및 지식을 활용할 수 있고, 근접 분야의 이론 및 지식을 사용할 수 있는 수준 • 고도의 숙련으로 광범위한 작업을 수행하는 수준
	[역량] • 타인의 결과에 대해 의무와 책임이 필요한 수준
	[경력] • 6수준에서 2~4년 정도의 계속 업무 후 도달 가능한 수준
6수준	독립적인 권한 내에서 해당 분야의 이론 및 지식을 자유롭게 활용하고, 일반적인 숙련으로 다양한 과업을 수행하며, 타인에게 해당 분야의 지식 및 노하우를 전달할 수 있는 수준
	[지식 기술] • 해당 분야의 이론 및 지식을 자유롭게 활용할 수 있는 수준 • 일반적인 숙련으로 다양한 과업을 수행할 수 있는 수준
	[역량] • 타인에게 해당 분야의 지식 및 노하우를 전달할 수 있는 수준 • 독립적인 권한 내에서 과업을 수행할 수 있는 수준
	[경력] • 5수준에서 1~3년 정도의 계속 업무 후 도달 가능한 수준
5수준	포괄적인 권한 내에서 해당 분야의 이론 및 지식을 사용하여 매우 복잡하고 비일상적인 과업을 수행하고, 타인에게 해당 분야의 지식을 전달할 수 있는 수준
	[지식 기술] • 해당 분야의 이론 및 지식을 사용할 수 있는 수준 • 매우 복잡하고 비일상적인 과업을 수행할 수 있는 수준
	[역량] • 타인에게 해당 분야의 지식을 전달할 수 있는 수준 • 포괄적인 권한 내에서 과업을 수행할 수 있는 수준
	[경력] • 4수준에서 1~3년 정도의 계속 업무 후 도달 가능한 수준

수준	직무 수준 정의
4수준	일반적인 권한 내에서 해당 분야의 이론 및 지식을 제한적으로 사용하여 복잡하고 다양한 과업을 수행하는 수준
	[지식 기술] • 해당 분야의 이론 및 지식을 제한적으로 사용할 수 있는 수준 • 복잡하고 다양한 과업을 수행할 수 있는 수준
	[역량] • 일반적인 권한 내에서 과업을 수행할 수 있는 수준
	[경력] • 3수준에서 1~3년 정도의 계속 업무 후 도달 가능한 수준
3수준	제한된 권한 내에서 해당 분야의 기초 이론 및 일반 지식을 사용하여 다소 복잡한 과업을 수행하는 수준
	[지식 기술] • 해당 분야의 기초 이론 및 일반 지식을 사용할 수 있는 수준 • 다소 복잡한 과업을 수행하는 수준
	[역량] • 제한된 권한 내에서 과업을 수행하는 수준
	[경력] • 2수준에서 1~3년 정도의 계속 업무 후 도달 가능한 수준
2수준	일반적인 지시 및 감독하에 해당 분야의 일반 지식을 사용하여 절차화되고 일상적인 과업을 수행하는 수준
	[지식 기술] • 해당 분야의 일반 지식을 사용할 수 있는 수준 • 절차화되고 일상적인 과업을 수행하는 수준
	[역량] • 일반적인 지시 및 감독하에 과업을 수행하는 수준
	[경력] • 1수준에서 6~12개월 정도의 계속 업무 후 도달 가능한 수준
1수준	구체적인 지시 및 철저한 감독하에 문자 이해, 계산 능력 등 기초적인 일반 지식을 사용하여 단순하고 반복적인 과업을 수행하는 수준
	[지식 기술] • 문자 이해, 계산 능력 등 기초적인 일반 지식을 사용할 수 있는 수준 • 단순하고 반복적인 과업을 수행하는 수준
	[역량] • 구체적인 지시 및 철저한 감독하에 과업을 수행하는 수준

출처: NCS 홈페이지(http://www.ncs.go.kr)

NCS 항공 객실 서비스 직무 살펴보기

1. NCS 항공 객실 서비스 직무의 정의

항공 객실 서비스란 객실 안전 관리, 승객 탑승 전 준비, 승객 탑승 서비스, 이륙 전 서비스, 비행 중 서비스, 착륙 전 서비스, 착륙 후 서비스, 승객 하기 후 관리, 응급 환자 대처, 객실 승무 관리를 하는 일이다.

2. NCS 항공 객실 서비스 직무의 능력 단위

순번	능력 단위
1	기내 안전 관리
2	승객 탑승 전 준비
3	승객 탑승 및 이륙 전 서비스
4	비행 중 서비스
5	착륙 전 서비스
6	착륙 후 서비스
7	승객 하기 후 관리
8	응급 환자 대처
9	객실 승무 관리
10	기내 음료 서비스
11	항공 서비스 업무 기본
12	항공 기내 방송 업무
13	고객 만족 서비스
14	항공 서비스 매너

3. NCS 항공 객실 서비스 직무의 능력 단위 및 능력 단위 요소

분류 번호	능력 단위	수준	능력 단위 요소
1203010501_15v2	기내 안전 관리	3	승객 탑승 전 안전·보안 점검하기
			항공기 이착륙 전 안전·보안 관리하기
			비행 중 안전·보안 관리하기
			착륙 후 안전·보안 점검·관리하기
			비상사태 발생 시 대응하기
			상황별 안전 안내 방송하기
1203010502_13v1	승객 탑승 전 준비	3	기내 서비스 용품 점검하기
			서비스 설비 및 기물 점검하기
			특별 서비스 요청 사항 점검하기
1203010503_16v2	승객 탑승 및 이륙 전 서비스	3	탑승 위치 대기하기
			탑승권 재확인하기
			좌석 안내하기
			수하물 정리 지원하기
			특수 고객 지원하기
			탑승 환영 안내 방송하기
1203010504_13v1	비행 중 서비스	3	기내 음료 제공하기
			기내식 제공하기
			기내 오락물 제공하기
			면세품 판매하기
			객실 상태 점검하기
1203010505_16v2	착륙 전 서비스	3	입국 서류 배포 및 작성 지원하기
			기내 용품 회수하기
			기내 서비스 용품 및 면세품 재고 확인하기
			목적지 도착 안내 방송하기
1203010506_16v2	착륙 후 서비스	3	도착 안내 방송하기
			승객 하기 지원하기
			특수 고객 지원하기

분류 번호	능력 단위	수준	능력 단위 요소
1203010507_13v1	승객 하기 후 관리	3	유실물 점검하기
			잔류 승객 점검하기
			기내 설비 점검하기
			기내 용품 인수·인계하기
1203010508_13v1	응급 환자 대처	3	응급 환자 발생 상황 파악·보고하기
			응급 환자 초기 대응하기
			응급 환자 후속 관리하기
			환자 대처 상황 기록하기
1203010509_16v2	객실 승무 관리	4	객실 승무원별 근무 배정하기
			운항·객실 간 정보 공유하기
			불만 승객 대처하기
			출·도착 서류 작성·관리하기
			객실 서비스 관리하기
1203010510_16v1	기내 음료 서비스	2	기내 음료 파악하기
			기내 음료 제공하기
1203010511_16v1	항공 서비스 업무 기본	2	항공 서비스 관련 서류 확인하기
			항공 여객 정보 확인하기
1203010512_16v1	항공 기내 방송 업무	3	항공 기내 방송 준비하기
			정상적 상황 방송하기
			비정상 상황 방송하기
1203010513_16v1	고객 만족 서비스	3	서비스 마인드 함양하기
			이미지 메이킹하기
			불만 고객 대처하기
1203010514_16v1	항공 서비스 매너	2	기본 매너 갖추기
			항공 서비스 매너 관리하기

출처: NCS 홈페이지(http://www.ncs.go.kr)

항공 객실 서비스 직무의 능력 단위별 세부 내용

승객 탑승 전 준비

분류 번호 | 1203010502_13v1

능력 단위 명칭 | 승객 탑승 전 준비

능력 단위 정의 | 승객 탑승 전 준비란 기내 서비스 용품 점검, 서비스 설비 및 기물 점검, 특별서비스 요청사항 점검을 수행하는 능력이다.

능력 단위 요소	수행준거
1203010502_13v1.1 기내 서비스 용품 점검하기	1.1 운송 서비스 규정에 따라, 객실 서비스에 필요한 서비스 용품 탑재 여부를 점검하고, 조치할 수 있다. 1.2 운송 서비스 규정에 따라, 서비스 용품의 품질 상태 및 이상유무를 점검하여, 조치할 수 있다. 1.3 객실 서비스 규정에 따라, 서비스 용품을 지정된 서비스 위치에 배열할 수 있다.
	[지식] • 운송 서비스 규정 • 항공기 객실 구조 • 객실 서비스 규정 • 서비스 용품에 대한 지식
	[기술] • 객실 승무원 규정집 활용 기술 • 객실 체크 리스트 적용 기술 • 지상 직원과의 소통 기술 • 식음료 보관 및 운반 기술
	[태도] • 정확성 유지 • 협조 노력 • 신속한 태도 • 청결함 유지

<table>
<tr><th>능력 단위 요소</th><th>수행준거</th></tr>
<tr><td rowspan="4">1203010502_13v1.2
서비스 설비 및 기물 점검하기</td><td>2.1 객실 서비스 규정에 따라, 항공기 운항시 반드시 필요한 서비스 설비 및 기물의 이상 여부를 점검하고, 조치할 수 있다.
2.2 객실 서비스 규정에 따라, 항공기 운항시 반드시 필요한 화장실 설비의 이상 유무를 점검하고, 조치할 수 있다.
2.3 운송 서비스 규정에 따라, 항공기의 목적지 도착 시, 입국에 필요한 제반 입국 관련 서류의 탑재 여부 및 수량을 점검하고, 조치할 수 있다.
2.4 객실 서비스 규정에 따라, 항공기 운항 시 판매할 면세품의 탑재 여부 및 수량을 점검하고, 조치할 수 있다.</td></tr>
<tr><td>[지식]
• 운송 서비스 규정
• 항공기 객실 구조
• 객실 서비스 규정
• 서비스 설비 및 기물에 대한 지식</td></tr>
<tr><td>[기술]
• 객실 승무원 규정집 활용 기술
• 객실 체크 리스트 적용 기술
• 지상 직원과의 소통 기술
• 서비스 설비 및 기물 점검 기술
• 기내 서비스 기물 운반 및 배치 기술</td></tr>
<tr><td>[태도]
• 신속한 태도
• 정확성 유지
• 신중한 태도
• 협조 노력</td></tr>
<tr><td rowspan="2">1203010502_13v1.3
특별 서비스 요청사항 점검하기</td><td>3.1 객실 서비스 규정에 따라, 승객 탑승 전, 해당 항공기의 특별 서비스 항목을 점검하고 조치할 수 있다.
3.2 객실 서비스 규정에 따라, 승객 탑승 전, 해당 승객의 특별 서비스 용품이 탑재되어 있는지를 점검하고, 조치할 수 있다.
3.3 고객 서비스 규정에 따라, 승객 탑승 후, 해당 승객의 특별 서비스 요청 사항 외 추가 요청 사항이 없는지를 확인하고, 조치할 수 있다.</td></tr>
<tr><td>[지식]
• 객실 서비스 지침 이해
• 항공기 객실 구조 이해
• 항공 운송에 관한 일반적 실무 이해
• SSR(Special Service Request) 이해
• 특별 승객 특성에 대한 지식 이해
• 특별 서비스 기물 및 용품 이해
• 특별 코드에 대한 지식</td></tr>
</table>

능력 단위 요소	수행준거
1203010502_13v1.3 특별 서비스 요청사항 점검하기	[기술] • 객실 승무원 규정집 활용 기술 • 지상 직원과의 소통 기술 • 특별 서비스 기물 운반 및 배치 기술
	[태도] • 인내성 있는 태도 • 주의 깊은 노력 • 유연한 태도

승객 탑승 및 이륙 전 서비스

분류 번호 | 1203010503_16v2

능력 단위 명칭 | 승객 탑승 및 이륙 전 서비스

능력 단위 정의 | 승객 탑승 및 이륙 전 서비스란 탑승 위치 대기, 탑승권 재확인, 좌석 안내, 수하물 정리 지원, 특수 고객 지원, 탑승 환영 안내 방송을 수행하는 능력이다.

능력 단위 요소	수행준거
1203010503_16v2.1 탑승 위치 대기하기	1.1 객실 서비스 규정에 따라, 승객의 항공기 탑승 전, 각자에게 부여된 임무를 수행하기 위하여 해당 근무지역에서 탑승을 위해 대기할 수 있다. 1.2 객실 서비스 규정에 따라 승객 탑승 시 대기 자세를 취할 수 있다. 1.3 객실 서비스 규정에 따라 승객 탑승 시 밝은 표정으로 환영 인사를 할 수 있다. 1.4 객실 서비스 규정에 따라 탑승 승객에 따른 눈높이 서비스 자세를 취할 수 있다.
	[지식] • 객실 서비스 규정 이해 • 비행 전 업무절차 이해 • 승객 특성 이해
	[기술] • 객실 서비스 규정 활용 기술 • 승객 특성에 따른 인사, 표정 기술 • 승객 특성에 따른 대화 기술
	[태도] • 밝은 태도 • 공손한 태도 • 명료한 태도
1203010503_16v2.2 탑승권 재확인하기	2.1 객실 서비스 규정에 따라, 승객의 출발 일시를 확인할 수 있다. 2.2 객실 서비스 규정에 따라, 승객의 목적지를 파악할 수 있다. 2.3 객실 서비스 규정에 따라, 승객의 좌석 등급을 구별할 수 있다. 2.4 객실 서비스 규정에 따라, 승객의 좌석번호를 확인할 수 있다.
	[지식] • 객실 서비스 규정에 대한 이해 • 비행 전 업무절차에 대한 이해 • 객실 구조에 대한 이해 • 승객 특성에 대한 이해 • 항공 운송 관련 기본 지식(예약 · 발권, 운송, 운항, 정비, 기내식)

능력 단위 요소	수행준거
1203010503_16v2.2 탑승권 재확인하기	[기술] • 객실 서비스 근무규정 활용 기술 • 비행전 업무절차 규정 활용 기술 • 탑승권 판독 능력 • 승객과의 의사소통 기술 • 의전 관련 기술
	[태도] • 공손한 태도 • 정확성 유지 • 신속한 태도
1203010503_16v2.3 좌석 안내하기	3.1 객실 서비스 규정에 따라, 승객들에게 지정된 좌석번호를 재확인할 수 있다. 3.2 객실 서비스 규정에 따라, 좌석 배열을 파악하고, 승객에게 정확한 좌석으로 안내할 수 있다. 3.3 객실 서비스 규정에 따라, 승객에게 좌석 설비 사용법을 안내할 수 있다. 3.4 객실 서비스 규정에 따라, 좌석 상태를 파악하여, 조치할 수 있다.
	[지식] • 승무원 근무절차 이해 • 객실승무원의 근무규정 이해 • 비행 전 업무절차 이해 • 좌석 배열 이해 • 좌석의 특성 이해 • 좌석의 설비(이어폰잭, 독서등 등) 이해 • 좌석의 사용법
	[기술] • 객실 서비스 규정 활용 기술 • 좌석 벨트 착용 기술 • 오디오 비디오 작동 기술
	[태도] • 적극적인 태도 • 협조 노력 • 배려 있는 태도
1203010503_16v2.4 수하물 정리 지원하기	4.1 객실 서비스 규정에 따라, 좌석 주변의 공간을 파악하여, 승객에게 객실 선반의 위치를 안내할 수 있다. 4.2 객실 서비스 규정에 따라, 안전하게 선반을 작동할 수 있다. 4.3 객실 서비스 규정에 따라, 수하물의 특성별로 보관하도록 안내할 수 있다. 4.4 객실 서비스 규정에 따라, 수하물을 안전하게 다룰 수 있다. 4.5 객실 서비스 규정에 따라, 수하물의 보관 위치를 기억하여, 승객에게 다시 전달할 수 있다.

능력 단위 요소	수행준거
1203010503_16v2.4 수하물 정리 지원하기	[지식] • 객실 서비스 규정 이해 • 좌석 하단 특성 이해 • 수하물 선반 사용 특성 이해 • 코트룸 특성 이해
	[기술] • 객실 서비스 근무규정 활용 기술 • 수하물 선반 사용 기술 • 코트룸 사용 기술 • 좌석 하단 사용 기술
	[태도] • 안전성 유지 노력 • 정중한 태도 • 유연한 태도 • 정확성 유지
1203010503_16v2.5 특수 고객 지원하기	5.1 객실 서비스 규정에 따라, 특수 고객 탑승 여부를 확인할 수 있다. 5.2 객실 서비스 규정에 따라, 특수 고객의 특성에 따른 인사를 하고, 좌석을 안내할 수 있다. 5.3 객실 서비스 규정에 따라, 특수 고객에게 기내 설비 사용법을 안내할 수 있다. 5.4 객실 서비스 규정에 따라, 특수 고객에 대한 여행 편의를 제공할 수 있다.
	[지식] • 객실 서비스 규정 이해 • 비상 응급조치 이해 • 의전에 대한 지식 • 특수 승객의 특성 이해
	[기술] • 객실 서비스 규정 활용 기술 • 탑승객과의 원활한 소통 기술 • 휠체어 사용 기술 • 특수 고객 응대 기술
	[태도] • 정중한 태도 • 사려 깊은 태도 • 인내성 있는 태도

<table>
<tr><th>능력 단위 요소</th><th>수행준거</th></tr>
<tr><td rowspan="4">1203010503_16v2.6
탑승 환영 안내 방송하기</td><td>6.1 객실 서비스 규정에 따라 방송에 필요한 정보를 파악할 수 있다.
6.2 객실 서비스 규정에 따라 탑승 환영 안내 방송에 필요한 언어를 구사할 수 있다.
6.3 객실 서비스 규정에 따라 탑승 환영 안내 방송에 필요한 표준어 사용을 할 수 있어야 한다.</td></tr>
<tr><td>[지식]
• 객실 서비스 규정(안내)
• 한국어, 영어 및 목적지 국가 언어(일본어, 중국어 등) 이해</td></tr>
<tr><td>[기술]
• 영어, 일어, 중국어 구사 능력
• 표준어 구사 기술
• 음성 표현 기술</td></tr>
<tr><td>[태도]
• 성실한 태도
• 정확성 유지
• 명료한 태도</td></tr>
</table>

차례

Chapter 02

출발 당일
On the Departure Day

Chapter 03

탑승 전 객실 용품 알아보기
Get to Know about Cabin Items

Chapter 04

항공기 탑승 후

After Boarding

01 D-1 for Departure

출발 1일 전

1 | 스케줄 확인

2 | 브리핑 시트

3 | Station 공부

Chapter 01 | 출발 1일 전

내일은 로스앤젤레스로 첫 장거리 비행을 가는 날이다.
두근두근 떨리는 마음.
성공적인 첫 장거리 비행을 위해 어떤 준비를 해야 할까?
하나하나 차근차근 공부하고 준비해서
사무장님과 선배님들께 도움이 되는 후배 승무원이 되고 싶다.

아! 우선 내일 나의 담당 Duty부터 확인해야겠다.
브리핑 시트를 조회해 볼까?
브리핑 시트에는 여러 가지 비행 관련 정보들을 파악할 수 있어
다음 날 비행을 미리 준비할 수 있는 것 같다.

내일 비행 전에 실시하는 객실 브리핑 때
사무장님과 선배님들 앞에서 완벽하게 발표할 수 있도록
항공기와 노선의 특징, 미국 입국에 필요한 서류,
내가 담당하는 Zone에 탑승하는 특별서비스 승객들에 대해
꼼꼼히 공부해야지!

그리고 내일 최상의 컨디션을 위해
마인드 컨트롤을 한 후 숙면을 취해야겠다!

1 스케줄 확인

Checking the Schedule

1. 스케줄 이해

객실 승무원의 근무는 일반 직종과는 다른 특징을 가진다. 일반 직종은 매일 정해진 시간에 출퇴근을 하는 반면, 객실 승무원은 개인별 스케줄(Monthly Individual Schedule)에 의거하여 변형된 Shift 형태로 근무한다.

객실 승무원은 한 달에 한 번 정해진 날짜에 다음 달의 개인 스케줄을 부여받는데, 이 스케줄은 해당 도시의 운항 스케줄, 기종 스케줄, 개인별 비행시간, 노선 배정의 평준화 등을 기준으로 스케줄운영부서에서 구성한다.

+ Tip

비행노선

국내선과 국제선으로 나뉘며, 국제선 비행은 비행시간에 따라 단거리, 중거리, 장거리 노선으로 구분된다.

구분	비행노선
단거리	비행시간 3시간 미만 (대부분의 일본, 중국 노선-도쿄, 오사카, 푸동, 다롄 등)
중거리	비행시간 3시간 이상~8시간 미만 (동남아시아/서남아시아 노선-싱가포르, 방콕, 괌 등)
장거리	비행시간 8시간 이상 (유럽, 미주, 대양주 노선-파리, 런던, 로스앤젤레스, 뉴욕, 시드니, 오클랜드 등)

2. 객실 승무원의 근무 형태

객실 승무원의 '근무'는 비행 근무, 지상 근무, 공항 대기, 교육 훈련 등을 말한다. 객실 승무원의 개인 스케줄표에는 '근무'에 포함되는 승무, 편승, 공항 대기, 지상 근무, 휴일, 휴가, 자택 대기, 교육 등이 영어 약어로 표기된다.

객실 승무원의 Monthly Individual Schedule표 예시

Actual Flight Times						
Latest 30 Days : 95:00　Current Month : 94:50						
Sunday	**Monday**	**Tuesday**	**Wednesday**	**Thursday**	**Friday**	**Saturday**
		Dec 01 KE 0721 2050 ICN KIX 2240 **LO** 2240 KIX KIX 2359	**Dec 02** **LO** 0000 KIX KIX 1015 KE 0732 1125 KIX PUS 1255 KE 1114 1440 PUS GMP 1540	**Dec 03** KE 0691 0900 ICN TPE 1100 KE 0692 1225 TPE ICN 1550	**Dec 04** **ADO** 0000:2359 ICN	**Dec 05** KE KE 0739 1655 GMP KIX 1840 KE 740 1955 KIX GMP 2145
Dec 06 KE 0869 1250 ICN DLC 1315 KE 0870 1425 DLC ICN 1655	**Dec 07** **ADO** 0000:2359 ICN	**Dec 08** KE 0481 1245 ICN DEL 1820 **LO** 1820 DEL DEL 2359	**Dec 09** **LO** 0000 KEL KEL 1830 KE 0482 1940 DEL ICN 2359	**Dec 10** KE 0482 0000 DEL ICN 0600	**Dec 11** **ATDO** 0000:2359 ICN	**Dec 12** KE 0121 1845 ICN SYD 2359
Dec 13 KE 0121 0000 ICN SYD 0655 **LO** 0655 SYD SYD 2359	**Dec 14** **LO** 0000 SYD SYD 2359	**Dec 15** **LO** 0000 SYD SYD 0750 KE 0122 0900 SYD ICN 1750	**Dec 16** **ATDO** 0000:2359 ICN	**Dec 17** **ATDO** 0000:2359 ICN	**Dec 18** **YVC** 0000:2359 ICN	**Dec 19** **YVC** 0000:2359 ICN
Dec 20 KE 0667 1805 ICN CNX 2205 **LO** 2205 CNX CNX 2359	**Dec 21** **LO** 0000 CNX CNX 2205 KE 0668 2315 CNX ICN 2359	**Dec 22** KE 0668 0000 CNX ICN 0615	**Dec 23** **ATDO** 0000:2359 ICN	**Dec 24** KE 0017 1430 ICN LAX 0830 **LO** 0830 LAX LAX 2359	**Dec 25** **LO** 0000 LAX LAX 2130 KE 0012 2240 LAX ICN 2359	**Dec 26** KE 0012 0000 LAX ICN 2359
Dec 27 KE 0012 0000 LAX ICN 0510	**Dec 28** **ATDO** 0000:2359 ICN	**Dec 29** **ATDO** 0000:2359 ICN	**Dec 30** KE 0651 1720 ICN BKK 2130 **LO** 2130 BKK BKK 2359	**Dec 31** **LO** 0000 BKK BKK 2205 KE 0652 2315 BKK ICN 2359		

1) 스케줄 관련 주요 용어

용어	용어 풀이
ATDO	Auto Tag Day Off의 약어 해당 비행 근무 후 자동으로 부여받는 휴무일을 의미
DO	Day Off의 약어 일반 휴무일을 의미
LO	Layover의 약어 비행 근무 후 다음 비행 근무 시까지 체류
RF	Ready for Flight의 약어 자택 대기를 의미 * 당일 승무 인력 확보를 위한 제도로, RF 스케줄 객실 승무원은 비행 준비를 한 상태로 정해진 시간까지(09:00~17:00) 자택에서 대기한다. Schedule이 유선으로 통보되기 때문에 회사와 연락을 할 수 있는 방법을 유지해야 한다.

용어	용어 풀이
SA/SB/SC	Airport Stand-by의 약어 (김포국제공항) 공항 대기를 의미 * 완전한 승무 복장을 갖추고 회사가 지정한 장소(회사 또는 공항)에서 대기해야 한다. 대기 시간대별로 A/B/C조로 나뉜다.
IA/IB/IC	Airport Stand-by의 약어 (인천국제공항) 공항 대기를 의미
TVL	Travel의 약어 편승 비행을 의미 * Off-duty Flight로 다음 비행 근무를 위해 또는 근무를 마친 후 돌아가기 위해 자사나 타 항공사에 탑승하여 이동하는 것을 말한다. Duty 승무원과의 구별을 위해 비행기 탑승 후에는 사복을 착용한다.
YVC	Year Vacation의 약어 연간 휴가를 의미
EDU	Education의 약어 교육을 의미

2) 공항 기호(Airport Code)

스케줄표에는 각 노선에 해당하는 목적 도시별로 도시 기호와 공항 기호가 각각 알파벳 세 문자로 표기되는데, 이를 3 Letter Code라 한다.

공항 기호는 도시 이름 중 앞의 세 글자를 사용하거나(예, TAEGU-TAE), 도시 이름 중 세 글자(예, GIMPO-GMP), 공항 이름 중 세 글자(예, Charles De Gaulle 공항-CDG), 도시와 공항 이름의 세 글자의 조합(예, Dallas의 Fortworth 공항-DFW)으로 만들어진다. 따라서 어떤 경우에는 도시 기호와 공항 기호가 같을 수도 있으나 하나의 도시에 여러 개의 공항이 있는 경우, 공항별로 각각 다른 공항 기호를 사용한다.

+ Tip

공항 기호의 예시

- 뉴욕의 도시 기호: NYC
- 뉴욕의 La Guardia 공항의 공항 기호: LGA
- 뉴욕의 John F. Kennedy 공항의 공항 기호: JFK
- 뉴욕의 Newark 공항의 공항 기호: EWR

국내 항공사 주요 취항 도시의 도시 기호와 공항 기호 (IATA 기준)

공항 기호	공항명	도시 기호	도시명	국가
ATL	HARTSFIELD ATLANTA	ATL	ATLANTA	U.S.A
DFW	FORTWORTH	DFW	DALLAS	U.S.A
JFK	JOHN F. KENNEDY	NYC	NEW YORK	U.S.A
IAD	DULLES	WAS	WASINGON D.C	U.S.A
ORD	O'HARE	CHI	CHICAGO	U.S.A
LAS	LAS VEGAS	LAS	LAS VEGAS	U.S.A
LAX	LOS ANGELES	LAX	LOS ANGELES	U.S.A
SEA	TACOMA	SEA	SEATTLE	U.S.A
SFO	SAN FRANCISCO	SFO	SAN FRANCISCO	U.S.A
HNL	DANIEL K. INOUYE	HNL	HONOLULU	U.S.A
GUM	GUAM	GUM	GUAM	U.S.A
YVR	VANCOUVER	YVR	VANCOUVER	CANADA
YYZ	LESTER B. PEARSON	YYZ	TORONTO	CANADA
HND	HANEDA	TYO	TOKYO	JAPAN
NRT	NARITA INT'L	TYO	TOKYO	JAPAN
FUK	FUKUOKA	FUK	FUKUOKA	JAPAN
KIX	KANSAI	OSA	OSAKA	JAPAN
NGO	CHUBU CENTRAIR	NGO	NAGOYA	JAPAN
CTS	NEW CHITOSE	SPK	SAPPORO	JAPAN
OKJ	OKAYAMA	OKJ	OKAYAMA	JAPAN
SYD	KINGSFORD SMITH	SYD	SYDNEY	AUSTRALIA
BNE	BRISBANE	BNE	BRISBANE	AUSTRALIA
AKL	AUCKLAND	AKL	AUCKLAND	NEW ZEALAND
NAN	NADI	NAN	NANDI	FIJI
CDG	CHARLES DE GAULLE	PAR	PARIS	FRANCE
FCO	LEONARDO DAVINCI FIUMICINO	ROM	ROME	ITALY
MXP	MALPENSA	MIL	MILAN	ITALY
FRA	FRANKFURT	FRA	FRANKFURT	GERMANY
LHR	HEATHROW	LON	LONDON	U.K
ZRH	ZURICH	ZRH	ZURICH	SWITZERLAND

공항 기호	공항명	도시 기호	도시명	국가
IST	ATATURK	IST	ISTANBUL	TURKEY
MAD	BARAJAS	MAD	MADRID	SPAIN
PRG	VACLAV HAVEL	PRG	PRAGUE	CZECH
VIE	VIENNA	VIE	VIENNA	AUSTRIA
SVO	SHEREMETYEVO	MOW	MOSCOW	RUSSIA
VVO	VLADIBOSTOK	VVO	VLADIBOSTOK	RUSSIA
AMS	SCHIPHOL	AMS	AMSTERDAM	NETHERLANDS
DXB	DUBAI	DXB	DUBAI	U.A.E
PEK	BEIJING	BJS	BEIJING	CHINA
SHA	HONGGIAO	SHA	SHANGHAI	CHINA
PVG	PUDONG	SHA	SHANGHAI	CHINA
CSX	CHANGSA	CSX	CHANGSA	CHINA
DLC	ZHOUSHUIZI	DLC	DALIAN	CHINA
TAO	LIUTING	TAO	QINGDAO	CHINA
TNA	JINAN	TNA	JINAN	CHINA
WEH	WEIHAI	WEH	WEIHAI	CHINA
WUH	TIANHE	WUH	WUHAN	CHINA
YNJ	YANJI	YNJ	YANJI	CHINA
SZX	BAOAN	SZX	SHENZHEN	CHINA
CAN	BAIYUN	CAN	GUANGZOU	CHINA
HKG	HONG KONG	HKG	HONG KONG	CHINA
BKK	SUVARNABHUMI	BKK	BANGKOK	THAILAND
HKT	PHUKET	HKT	PHUKET	THAILAND
CEB	MACTAN CEBU	CEB	CEBU	PHILIPPINES
MNL	MANILA	MNL	MANILA	PHILIPPINES
CGK	SOEKARNO HATTA	JKT	JAKARTA	INDONESIA
DPS	NGURAH RAI	DPS	DENPASAR BALI	INDONESIA
HAN	NOI BAI	HAN	HANOI	VIETNAM
SGN	TANSONNHAT	SGN	HOCHIMINH	VIETNAM
KUL	KUALA LUMPUR	KUL	KUALA LUMPUR	MALAYSIA
SIN	CHANGI	SIN	SIGAPORE	SIGAPORE

국내 공항 기호 (IATA 기준)

공항 기호	지역명	공항명
GMP	서울	김포 국제공항
ICN	인천	인천 국제공항
CJJ	청주	청주 국제공항
CJU	제주	제주 국제공항
HIN	진주/사천	사천 공항
KPO	포항	포항 공항
KUV	군산	군산 공항
KWJ	광주	광주 공항
MWX	무안	무안 국제공항
PUS	부산	김해 국제공항
RSU	여수	여수 공항
TAE	대구	대구 국제공항
USN	울산	울산 공항
WJU	원주	원주 공항
YNY	양양	양양 국제공항

+ Tip

IATA(International Air Transport Association)

항공사들로만 구성된 비정부 조직으로 1945년 4월 쿠바 하바나에서 세계 32개국 61개 항공사가 회의를 개최하여 설립하게 되었다. 현재는 전 세계의 130여 개국의 239개 항공사가 참여하고 있으며 '항공업계의 유엔'으로 불린다.

IATA는 안전하고 정기적이며 경제적인 항공 운송을 도모하며 항공 운송 기업 간에 협력할 수 있는 수단을 제공하도록 표준 운송약관, 항공권, 화물 운송장, 대리점과의 표준계약 등 항공사 간에 통일적으로 사용해야 할 각종 표준방식을 설정하는 것을 주 목적으로 한다.

공항 코드 이외에 우리에게 익숙한 항공사의 두 자리 고유 코드(KE, OZ, DL, KL 등) 또한 IATA에서 지정한 항공사 코드이며, 이 코드는 예약, 항공권, 결산, 정산 등에 사용된다.

2 브리핑 시트
Briefing Sheet

1. 브리핑 시트 조회

내일 가는 비행 스케줄을 확인했다면 이제 본격적인 비행 준비를 시작해야 한다. 먼저 해당 비행편의 브리핑 시트를 조회해야 하는데, 이 브리핑 시트는 승무원 종합 포털사이트에서 조회할 수 있다(항공사마다 상이).

브리핑 시트에는 비행 업무 배정표(Duty Assignment), 해당 비행편의 일반적인 정보(Flight General Information), 승객 관련 정보, 안전 관련 정보, 기내 서비스 관련 정보가 표기된다.

객실 사무장이 비행 출발 하루 전 오후 6시 이후에 동승 객실 승무원들의 Duty를 배정하면, 그 이후 객실 승무원들이 업무 배정표를 보고 자신의 Duty를 확인할 수 있다. 객실 사무장은 해당 비행편에 탑승하는 승객의 국적 분포 및 기타 승객 관련 정보, 운항 정보, 동승 승무원들의 근무 경력 및 업무 숙련도, 장점 등을 고려하여 최고의 업무 효율을 낼 수 있도록 Duty를 배정한다.

+ Tip

승무원 종합 포털사이트

객실 승무원에게 업무 지시와 회사의 공지사항을 전달하고, 비행 업무에 필요한 안전, 서비스 관련 정보 및 개인별 스케줄 조회, Report 작성 등 다양한 정보와 기능을 제공하는 포털사이트이다.

회사의 사내 정보 및 승객 관련 개인 정보를 취급하고 있으므로 객실 승무원은 해당 사이트에서 취득한 정보를 외부에 유출하지 않도록 유의해야 한다.

K 항공사의 브리핑 시트(Briefing Sheet) 예시

KE0901	2021.01.05.(TUE) (UTC: 2021.01.05/TUE)
ICN -> CDG (5626 miles)	Paris-Charles De Gaulle International Airport, Paris, France
STD:13:20 (+9) - STA: 18:30 (+2) CABIN BRIEFING: 11:35 JOINT BRIEFING: 12:00 FLT TIME: 12:10 / ACTUAL TIME:	

■PAX INFO ＊RSVN : F 3 / C 65 / Y 297 (12 / 94 / 297)

Nationality	KOR	JPN	CHN	USA	EUR	SEA	MEA	OCN	CIS
	190	5	0	0	50	0	0	10	0
MMC/MP	**SPML**	**FMLY**	**UM**	**WCHR**	**VOC**	**BSCT**	**CHLD**	**INFT**	**PETC**
20	13	1	1	2	0	2	5	1	1

■A/C : HL76XX(388S)

Seat Config	IFE			PRAM	ISPS	Satellite Phone
	System	Video	Audio			
12/94/297	eX2	AVOD	AVOD	Y	Y	L1, L2, L4, UL1, UL2 벽면

■Duty Assignment ＊DP - LEE MIN JEONG(0056XXX, SP15/0113TM)

Duty	RANK	TEAM	NAME	J/S	Duty	RANK	TEAM	NAME	J/S	Duty	RANK	TEAM	NAME	J/S
FAL	SS13	0203	이호정	R1	FAG	AP11	0113	김진아	R1	FAR	SS15	0113	정서현	R2
CUL	AP17	0203	최현영	UR1	CUG	PS17	0203	김채현	UL1					
CVL	SS11	0203	이진하	UL2	CVG	AP13	0203	이현아	UR1	CVR	SS11	0203	이예진	UR2
CVM	AP07	0113	김수연	59B						CVS	PS17	0113	이채연	UL3
CWL	SS11	0113	박선영	R5	CWG	PS16	0113	박채린	UL1	CWR	JR13	1008	샤워어	59C
YBL	SD14	0113	김영서	L2	YBG	PS12	0113	김유진	L2	YBR	SS16	0203	이소정	R2
YCL	SS16	0113	김미소	L3	YCG	SS01	0203	민설아	L4	YCR	SS15	0203	이성호	R3
YDL	SS16	0113	이지민	L4	YDG	AP15	0203	박진규	R4	YDR	SS16	0203	조민주	R4
BAR	AP13	0113	한지윤	UR3	DFS	AP17	0113	서영희	L5					

ANN	FAG	ANN Monitoring	FAL, YCR, CUG
In-flight Sales	YDG	TASER	DP, YBG
Catering Seal CHK	FAG, CVG, YCG	비상구 좌석 BRFG	YBL, YCL, CVL

■ Service Procedure

Phase	Time	In-between Snack
1st SVC	15M after take-off	Amenity kit 1st Meal with beverage Sales Entry Documents
PAX Rest	-	Beverage
2nd SVC	2H 30M before landing	Aperitif 2nd Meal with beverage
Preparation for approaching	40M before landing	Recheck on entry documents
Preparation for landing	20M before landing	Sealing carts & locking galley compartments

■ Service Meal

	1st Meal	2nd Meal	In-between Snack
F	1. BIBIMBAP 2. PAN FRIED STRIPLOIN STEAK WITH GALBI SAUCE 3. SEARED RIB EYE STEAK WZ SHALLOT SAUCE 4. ROASTED COD WITH RED BELL PEPPER AND MUSHROOM SAUCE	1. DONGCHIMI COLD NOODLE 2. SUWON GALBI 3. STIR FRIED SHRIMP WITH BLACK BEAN SAUCE	COOKIE BROWNIE PECAN TART
C	1. BIBIMBAP 2. CHICKEN CURRY RICE 3. ROASTED SOLE FISH WITH TOMATO AND BERCY SAUCE 4. STIR-FRIED CHICKEN CHINESE STYLE WITH OYSTER SAUCE	1. PAN FRIED BEEF TENDERLOIN WZ MUSHROOM 2. SEAFOOD GRATIN WITH TOMATO SAUCE 3. DONGCHIMI COLD NOODLE	COOKIE PIZZA BAR SAMGAKGIMBAP
Y	1. KOREAN STYLE STIR FRIED SPICY OCTOPUS 2. BEEF BOURGUIGNONNE 3. SALAD WITH CHICKEN	1. KOREAN HOT SPIC CHICKEN STEW 2. FRIED COD FISH WITH HOT BEAN SAUCE 3. BEEF STEW WZ MUSHROOM	SAM GAK GIM BAB PIZZA MARGARITA CRACKER

■ Service Wine

	Red Wine	White Wine	Champagne
F	1. CHATEAU DU TERTRE 000 2. LOUIS LATOUR CORTON 000	1. ALBERT BICHOT 000 2. CHATEAU D'ESCLANS 000	PERRIER JOUET 000
C	1. CHATEAU LES TROIS 000 2. JEAN LUC COLOMBO 000	1. CHATEAU D'ESCLANS 000 2. CHATEAU DE C000	PERRIER JOUET 000
Y	JEAN D'ALIBERT 000	SACHA LICHINE 0000	

* **Crew Notice**

- Gate 사용 시 유의사항

* **Flight Notice**

- Door Open : L1, L2, UL1
- 기내방송 언어 및 순서 : 한국어-영어-불어

* **General Notice**

- 안전/보안 수검 대비 철저
- 해외공항 탑승교에 빈 Box, 신문 등 방치 금지

▶ 브리핑 시트에서 찾아볼 수 있는 정보

- Flight General Information

  해당 편 출/도착 시각, 비행시간, 도착지 공항명, 항공기 기종 및 HL Number, 승객 예약 현황, 특별서비스 신청 승객 현황

- Safety Information

  해당 항공기 도해도 및 설비 정보, 안전 관련 업무 지시사항

- 기내 오락물 Information

  해당 기종의 IFE SYSTEM(In-Flight Entertainment) 사양, Trouble Shooting 방법

- 업무 배정표(Duty Assignment)

  객실 승무원별 Duty 및 Jumpseat 위치, 주요 업무 Duty 배정

- 기내 서비스 관련 정보

  기내 서비스 순서 및 절차, Class별 기내식·와인 정보 , 기내 면세품 판매 관련 사항

- 그 외 정보

  목적지 정보(해당국 입국에 필요한 입국서류, 검역절차, 면세기준, 해당국 보안규정, 공항 정보, 환승 절차, 시차 등), 노선 특이사항 등

2. 약어(Service Code)

브리핑 시트에는 승객의 정보 및 특별서비스 요청사항 등 다양한 정보들이 영어 약어(Service Code)의 형태로 표기된다. 이러한 약어들은 브리핑 시트뿐만 아니라 비행 업무에 다양하게 사용되는 만큼, 객실 승무원이라면 영어 약어(Service Code)를 숙지하고 해석할 줄 알아야 한다.

비행 관련 주요 약어(Service Code)

Keyword	설명
UTC	협정세계시(Coordinated Universal Time)
STD	Scheduled Time of Departure
STA	Scheduled Time of Arrival
RSVN	Reservation
IFE	In Flight Entertainment System
ISPS	In Seat Power Supply System
SVC	Service
FLT	Flight
A/C	Air Craft
SPML	Special Meal
INFT	Infant
CHLD	Child
BSCT	Bassinet (유아용 요람)
FMLY	Family Care Service (한가족 서비스 신청 승객)
UMNR	Unaccompanied Minor
PETC	기내에 반입된 반려동물
WCHR	Wheelchair 서비스 신청 승객

3. 나의 Duty 확인

1) 업무 배정표(Duty Assignment)

업무 배정표에서는 내일 비행편에서 수행해야 할 본인의 Duty와 착석할 Jumpseat(승무원 좌석), 함께 근무하는 승무원을 확인할 수 있다.

업무 배정표(Duty Assignment) 예시

Duty	RANK	TEAM	NAME	J/S	Duty	RANK	TEAM	NAME	J/S	Duty	RANK	TEAM	NAME	J/S
FAL	SS13	0203	이진주	R1	FAG	AP11	0113	김진아	R1	FAR	SS15	0113	정서현	R2
CUL	AP17	0203	최현영	UR1	CUG	PS18	0203	김채현	UL1					
CVL	SS11	0203	이진하	UL2	CVG	AP13	0203	이현아	UR1	CVR	SS11	0203	이예진	UR2
CVM	AP07	0113	김수연	59B						CVS	PS17	0113	이채연	UL3
CWL	SS11	0113	박선영	R5	CWG	PS16	0113	박채린	UL1	CWR	SS14	1008	김고은	59C
YBL	SD14	0113	김영서	L2	YBG	PS12	0113	김유진	L2	YBR	SS19	0203	이소정	R2
YCL	SS18	0113	김미소	L3	YCG	AP14	0203	민설아	L4	YCR	SD15	0203	이성호	R3
YDL	SS16	0113	이지민	L4	YDG	AP15	0203	박진규	R4	YDR	SS17	0203	조민주	R4
BAR	AP13	0113	한지윤	UR3	DFS	AP17	0113	서영희	L5					

- 김미소 승무원의 Duty : **YCL**
- 착석해야 하는 Jumpseat(승무원 좌석) : **L3**

2) 표준 듀티코드 읽기

Duty는 세 글자의 표준 듀티코드로 표기되며, 표준 듀티코드는 세 개의 알파벳으로 구성된다.

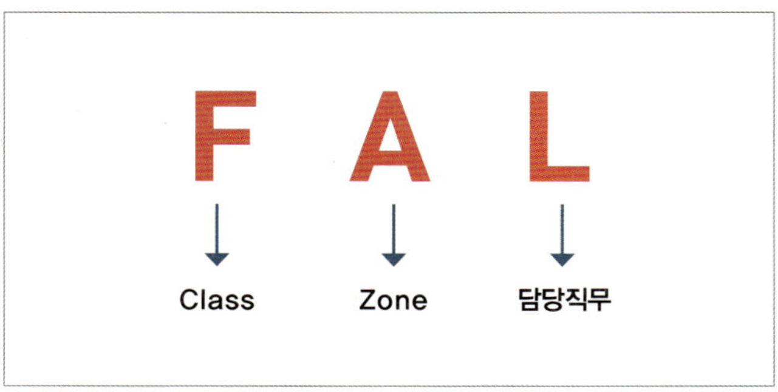

표준 듀티코드의 첫 번째 알파벳은 Class, 두 번째 알파벳은 Zone(담당 구역), 세 번째 알파벳은 담당직무 구역을 의미한다. 모든 승무원은 브리핑 또는 비행 중 업무지시를 하거나

각종 보고를 할 때, 반드시 표준 듀티코드를 사용해야 한다.

+ Tip

"CUL 최현영 승무원, 오늘 비즈니스 클래스 식사에 대해 발표해 주세요."
"네, 알겠습니다. 사무장님."

"안녕하십니까, 사무장님! 오늘 FAL을 담당하게 된 이진주입니다."
"네, 반갑습니다. 진주 씨."

4. 좌석 등급(Class)의 구분

항공사들은 좌석 등급을 나눠 클래스를 구분하고 있다. 최근에는 각 항공사의 독자적인 차별성을 지닌 다양한 클래스들이 생겨나고 있으나 일반적으로 대개의 항공사가 일등석(First Class), 비즈니스석(Business Class), 일반석(Economy Class), 3개의 좌석 등급으로 클래스를 구분하며 클래스들의 명칭은 항공사마다 상이하다.

1) 일등석(First Class)

M101Studio / Shutterstock.com

Agent Wolf / Shutterstock.com

일등석은 주로 비행기의 가장 앞쪽에 위치한다. 좌석과 좌석 사이가 넓으며, 좌석의 너비와 길이 또한 매우 넓고 긴 외형적 특징이 있다. 편안한 휴식을 위해 수평으로 펼쳐지는 침대형 좌석은 기본이며 호텔의 스위트룸과 같은 쾌적함과 안락함을 갖춘 독자적인 공간을 구축하고 있다.

최근 각 항공사별로 최신식 Entertainment 시스템, 통신장비, 샤워시설 등을 장착하여 일등석 승객의 만족을 위해 노력하고 있으며, 서비스 측면에서도 전문교육을 이수한 객실 승무원들을 배정하여 최고급의 음식과 음료 등을 서비스하고 있다.

표준 듀티코드에서 일등석은 'F'로 표기한다.

2) 비즈니스석(Business Class)

비즈니스석은 일등석 뒤쪽에 위치하거나, 위층 객실(Upper Deck)이 있는 2층 구조의 항공기에서는 2층에 위치한다.

비즈니스석은 각 항공사의 주요 마케팅 전략의 초점이 되는 클래스로 항공사마다 특색있는 명칭을 내세우며, 그에 맞게 수준 높은 다양한 편의시설을 제공하고 있다. 실제로 최근에 많은 항공사에서 일등석 못지않은 프리미엄급 좌석과 기내 서비스를 도입하고 적극적으로 홍보하고 있다.

비즈니스석 역시 좌석 간 사이가 넓으며 170~180도까지 뒤로 젖힐 수 있는 침대식 좌석이 장착되어 있다. 일등석과 마찬가지로 항공사의 전문교육을 이수한 객실 승무원이 배정되어 서비스를 제공한다.

표준 듀티코드에서 비즈니스석은 'C'로 표기한다.

Joel Whalton / Shutterstock.com

Rebius / Shutterstock.com

+ Tip

표준 듀티코드 중 비즈니스석의 'C'는 어디에서 따온 알파벳일까?

Lefteris Papaulakis / Shutterstock.com

최초의 비즈니스석은 미국 팬암항공(Pan American World Airways, 1927년 설립되어 미국을 상징하는 항공사였으나 1991년 경영위기로 파산)의 'Clipper Class'다.

팬암항공은 일등석과 일반석의 중간급 서비스를 제공하는 최초의 비즈니스 클래스를 만들고 이를 쾌속 범선을 의미하는 'Clipper Class'라고 명명했다. 그 후 Clipper Class의 첫 글자인 'C'가 비즈니스석의 코드로 정착되었다.

3) 일반석(Economy Class)

일반석은 보통 비즈니스석 뒤쪽에 위치하며, 기종별로 차이가 있으나 소형기를 기준으로 약 100~200명, 중형기는 250명~300명, 대형기는 약 400명까지 탑승할 수 있다.

최근에는 일반석에도 등받이 각도와 좌석 간의 간격을 넓히는 등 편의시설 확충에 주력해 일반석을 이용하는 승객들의 편안한 여행을 도모하고 있다. 일부 신형 기종에는 일반석에도 발 받침대(Footrest)가 장착되었으며, 대한항공의 Boeing 787 항공기에는 좌석 간 간격이 기존의 일반석 좌석보다 넓은 뉴 이코노미석이 장착되었다.

표준 듀티코드에서 일반석은 'Y'로 표기한다.

5. 담당 구역(Zone)의 구분

mobil11 / Shutterstock.com

Markus Mainka / Shutterstock.com

Zone은 승무원이 근무하는 구조상의 구역을 말하며, 업무 효율을 위해 Zone을 기준으로 객실 승무원에게 각각의 Service Duty를 부여한다.

항공기의 객실은 일반적으로 Door와 클래스를 기준으로 객실 전방에서부터 A, B, C, D Zone으로 나뉜다. 보통 A Zone은 일등석과 비즈니스석 일부, B Zone은 비즈니스석, C/D Zone은 일반석으로 운영된다. A380이나 B747처럼 2층 Upper Deck가 있는 항공기의 2층은 U, V, W Zone으로 구분한다.

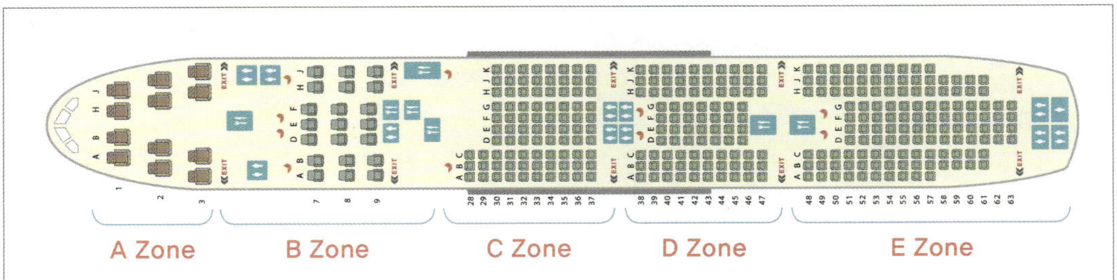

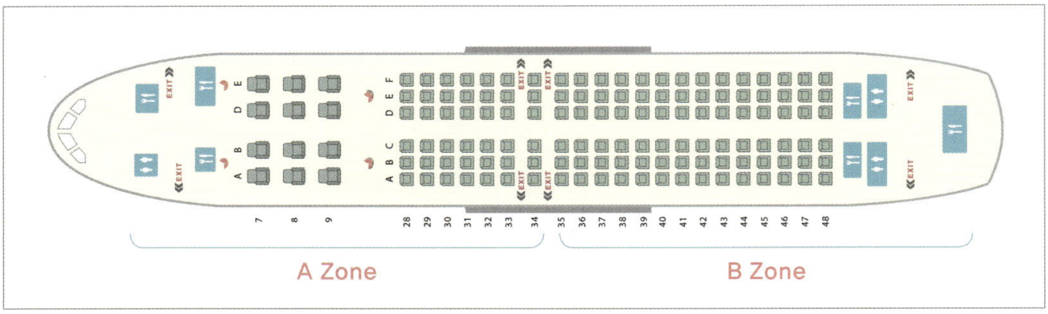

소형기는 Door가 앞과 뒤에만 위치하기 때문에 Door를 기준으로 객실의 구역을 나누기보다는 항공기 앞쪽(Forward), 뒤쪽(After)의 개념으로 나눠 A, B Zone으로 근무 구역을 설정한다.

6. 담당 직무의 구분

항공기는 객실의 Aisle(통로)의 수에 따라 Narrow Body 항공기와 Wide Body 항공기로 나눈다. Narrow Body 항공기는 Aisle의 개수가 한 개이며, B737, A220 등의 기종이 있다. Wide Body 항공기는 Aisle의 개수가 두 개이며, 대표적인 기종으로는 A380, B747, B777, A330 등이 있다.

Alexiushan / Shutterstock.com

▲ Narrow Body 항공기 내부

Markus Mainka / Shutterstock.com

▲ Wide Body 항공기 내부

항공기는 조종실을 바라보는 방향으로 왼쪽 Left Side와 오른쪽 Right Side를 구분한다. Narrow Body 항공기는 Aisle을 기준으로 Left Side와 Right Side로 구분할 수 있으며, Wide Body 항공기는 좌석 배열 중 정중앙 좌석을 기준으로 오른쪽이 Right Side, 왼쪽이 Left Side에 해당한다.

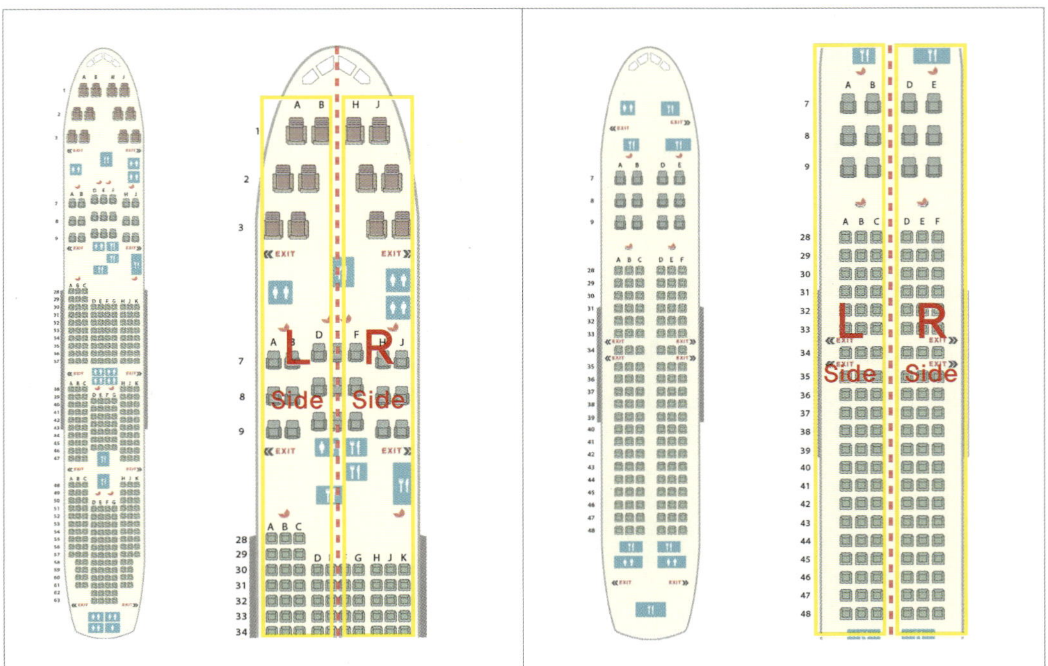

Jordan Tan / Shutterstock.com

Galley는 비행 중 승객에게 제공할 서비스 용품을 보관하고 기내식을 준비하는 곳으로 객실 승무원의 작업공간이다. 기내 서비스를 위한 기내식과 객실 용품이 탑재되며, 기내식을 데우는 Oven, 음료 제공을 위한 Coffee Maker, Water Boiler, 음식 보관을 위한 냉장고 등 Galley 설비들이 장착되어 있다.

이러한 항공기 객실의 구조에 기반해 객실 승무원의 담당 직무는 크게 Galley Duty와 Aisle Duty로 나눌 수 있다.

- Galley Duty : 담당 Zone의 전체적인 서비스를 주관하고, Galley에서 기내식 제공을 위한 준비 업무를 주로 수행한다. 비행 전 탑재된 객실 용품을 점검 및 관리한다.
- Aisle Duty : 담당 Zone의 Aisle에서 승객에게 기내 서비스를 제공하는 업무를 수행한다.

- **F A G** : 일등석 + A Zone + Galley 담당 승무원
- **Y B L** : 일반석 + B Zone + L Side Aisle 담당 승무원

+ Tip

다음 도해도에서 해당 표준 듀티코드 승무원이 근무하는 구역을 찾아보세요.

① FAL　　② YBR　　③ YCG

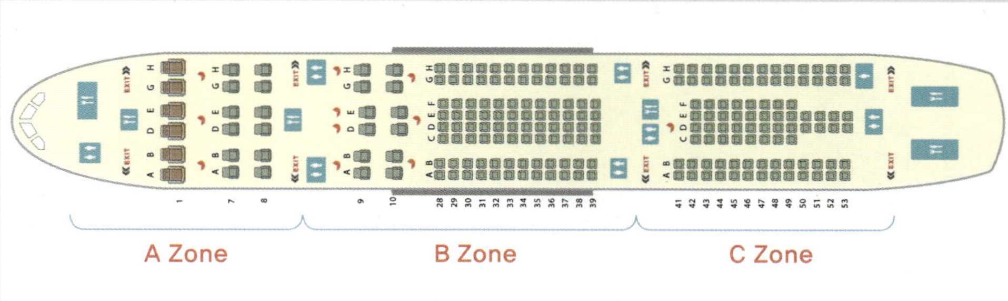

3 Station 공부

Get to Know about Stations

1. 입국서류와 면세기준

승무원 종합 포털사이트에서 브리핑 시트를 조회하고 해당 편의 기본 정보를 확인했다면, 그 외 해당 노선에 대한 부수적인 정보를 수집하고 숙지해야 한다.

1) 입국서류

입국서류의 종류로는 입국신고서(입국카드)와 세관신고서가 있다. 국가별로 필요한 입국서류의 종류가 다르므로 객실 승무원은 해당 비행편이 도착지 국가에 입국할 때 필요한 입국서류가 무엇인지 매 비행편 브리핑을 준비할 때 꼼꼼히 공부해야 한다.

출입국 규정 준수는 해당국을 입국하는 데 필수사항이며, 승무원의 잘못된 안내로 승객의 입국이 거절되거나 항공사에 벌금이 부과될 수도 있다. 그러므로 객실 승무원은 비행 전 출입국 규정에 대해 철저히 준비하도록 한다.

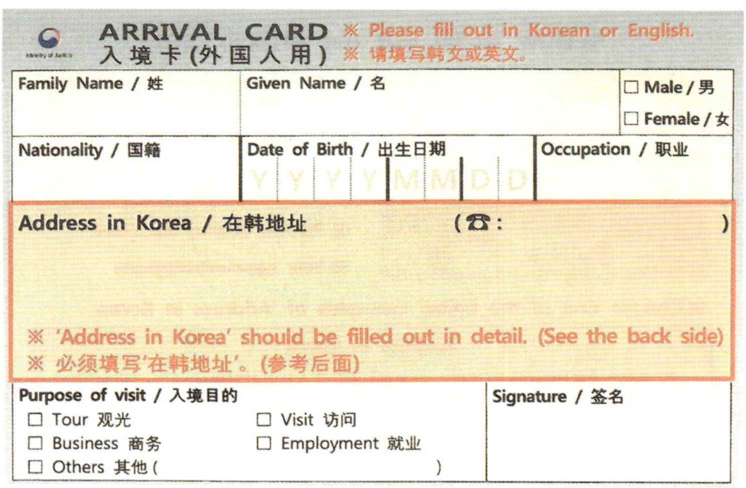

ARRIVAL CARD ※ Please fill out in Korean or English.
入境卡(外国人用) ※ 请填写韩文或英文。

Family Name / 姓	Given Name / 名	□ Male / 男 □ Female / 女
Nationality / 国籍	Date of Birth / 出生日期 Y Y Y Y M M D D	Occupation / 职业

Address in Korea / 在韩地址 (☎ :)

※ 'Address in Korea' should be filled out in detail. (See the back side)
※ 必须填写'在韩地址'。(参考后面)

Purpose of visit / 入境目的	Signature / 签名
□ Tour 观光 □ Visit 访问 □ Business 商务 □ Employment 就业 □ Others 其他 ( )	

▲ 대한민국 입국카드

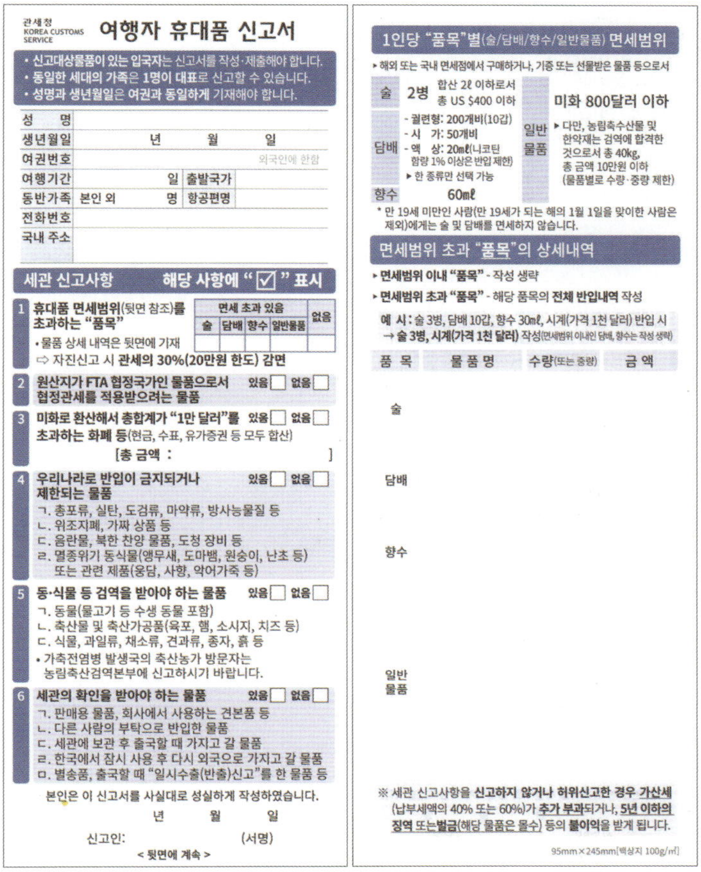

관세청 KOREA CUSTOMS SERVICE **여행자 휴대품 신고서**

- 신고대상물품이 있는 입국자는 신고서를 작성·제출해야 합니다.
- 동일한 세대의 가족은 1명이 대표로 신고할 수 있습니다.
- 성명과 생년월일은 여권과 동일하게 기재해야 합니다.

성 명			
생년월일	년 월 일		
여권번호	외국인에 한함		
여행기간	일	출발국가	
동반가족	본인 외 명	항공편명	
전화번호			
국내 주소			

세관 신고사항 해당 사항에 "☑" 표시

1 휴대품 면세범위(뒷면 참조)를 초과하는 "품목" — 면세 초과 있음: 술 / 담배 / 향수 / 일반물품 — 없음
- 물품 상세 내역은 뒷면에 기재
⇨ 자진신고 시 **관세의 30%(20만원 한도) 감면**

2 원산지가 FTA 협정국가인 물품으로서 협정관세를 적용받으려는 물품 — 있음☐ 없음☐

3 미화로 환산해서 총합계가 "1만 달러"를 초과하는 화폐 등(현금, 수표, 유가증권 등 모두 합산) — 있음☐ 없음☐
[총 금액 :]

4 우리나라로 반입이 금지되거나 제한되는 물품 — 있음☐ 없음☐
ㄱ. 총포류, 실탄, 도검류, 마약류, 방사능물질 등
ㄴ. 위조지폐, 가짜 상품 등
ㄷ. 음란물, 북한 찬양 물품, 도청 장비 등
ㄹ. 멸종위기 동식물(앵무새, 도마뱀, 원숭이, 난초 등) 또는 관련 제품(웅담, 사향, 악어가죽 등)

5 동·식물 등 검역을 받아야 하는 물품 — 있음☐ 없음☐
ㄱ. 동물(물고기 등 수생 동물 포함)
ㄴ. 축산물 및 축산가공품(육포, 햄, 소시지, 치즈 등)
ㄷ. 식물, 과일류, 채소류, 견과류, 종자, 흙 등
- 가축전염병 발생국의 축산농가 방문자는 농림축산검역본부에 신고하시기 바랍니다.

6 세관의 확인을 받아야 하는 물품 — 있음☐ 없음☐
ㄱ. 판매용 물품, 회사에서 사용하는 견본품 등
ㄴ. 다른 사람의 부탁으로 반입한 물품
ㄷ. 세관에 보관 후 출국할 때 가지고 갈 물품
ㄹ. 한국에서 잠시 사용 후 다시 외국으로 가지고 갈 물품
ㅁ. 별송품, 출국할 때 "일시수출(반출)신고"를 한 물품 등

본인은 이 신고서를 사실대로 성실하게 작성하였습니다.
년 월 일
신고인: (서명)
< 뒷면에 계속 >

1인당 "품목"별(술/담배/향수/일반물품) 면세범위

▸해외 또는 국내 면세점에서 구매하거나, 기증 또는 선물받은 물품 등으로서

술	2병 합산 2ℓ 이하로서 총 US $400 이하		미화 800달러 이하
담배	- 궐련형: 200개비(10갑) - 시 가: 50개비 - 액 상: 20mℓ(니코틴 함량 1% 이상은 반입 제한) ▸한 종류만 선택 가능	일반 물품	▸다만, 농림축산물 및 한약재는 검역에 합격한 것으로서 총 40kg, 총 금액 10만원 이하 (물품별로 수량·중량 제한)
향수	60mℓ		

* 만 19세 미만인 사람(만 19세가 되는 해의 1월 1일을 맞이한 사람은 제외)에게는 술 및 담배를 면세하지 않습니다.

면세범위 초과 "품목"의 상세내역

▸**면세범위 이내 "품목"** - 작성 생략
▸**면세범위 초과 "품목"** - 해당 품목의 **전체 반입내역** 작성

예 시 : 술 3병, 담배 10갑, 향수 30mℓ, 시계(가격 1천 달러) 반입 시
→ **술 3병, 시계(가격 1천 달러)** 작성(면세범위 이내인 담배, 향수는 작성 생략)

품 목	물 품 명	수량(또는 중량)	금 액
술			
담배			
향수			
일반 물품			

※ 세관 신고사항을 **신고하지 않거나 허위신고한 경우 가산세**(납부세액의 40% 또는 60%)가 **추가 부과**되거나, **5년 이하의 징역 또는 벌금(해당 물품은 몰수)** 등의 **불이익**을 받게 됩니다.

95mm×245mm[백상지 100g/㎡]

▲ 대한민국 세관신고서

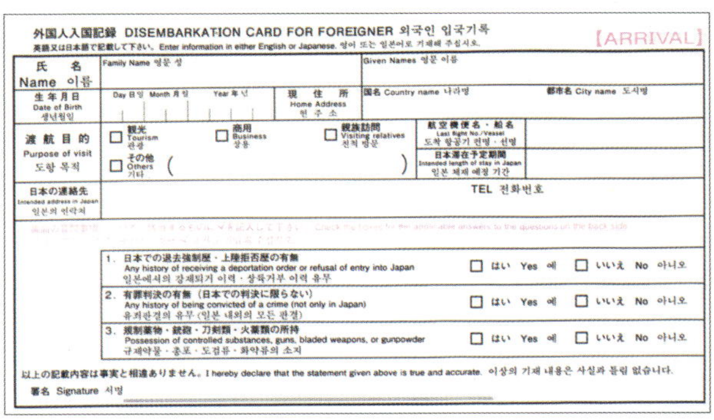

外国人入国記録 DISEMBARKATION CARD FOR FOREIGNER 외국인 입국기록 [ARRIVAL]

英語又は日本語で記載して下さい。Enter information in either English or Japanese. 영어 또는 일본어로 기재해 주십시오.

氏名 Name 이름 — Family Name 영문 성 / Given Names 영문 이름
生年月日 Date of Birth 생년월일 — Day 日 일 Month 月 월 Year 年 년 / 現住所 Home Address 현 주 소 — 国名 Country name 나라명 / 都市名 City name 도시명
渡航目的 Purpose of visit 도항 목적 — ☐ 観光 Tourism 관광 ☐ 商用 Business 상용 ☐ 親族訪問 Visiting relatives 친척 방문 ☐ その他 Others 기타 ( ) / 航空機便名・船名 Last flight No./Vessel 도착 항공기 편명·선명 / 日本滞在予定期間 Intended length of stay in Japan 일본 체재 예정 기간
日本の連絡先 Intended address in Japan 일본의 연락처 — TEL 전화번호

1. 日本での退去強制歴・上陸拒否歴の有無 Any history of receiving a deportation order or refusal of entry into Japan 일본에서의 강제퇴거 이력·상륙거부 이력 유무 — ☐ はい Yes 예 ☐ いいえ No 아니오
2. 有罪判決の有無（日本での判決に限らない） Any history of being convicted of a crime (not only in Japan) 유죄판결의 유무 (일본 내외의 모든 판결) — ☐ はい Yes 예 ☐ いいえ No 아니오
3. 規制薬物・銃砲・刀剣類・火薬類の所持 Possession of controlled substances, guns, bladed weapons, or gunpowder 규제약물·총포·도검류·화약류의 소지 — ☐ はい Yes 예 ☐ いいえ No 아니오

以上の記載内容は事実と相違ありません。I hereby declare that the statement given above is true and accurate. 이상의 기재 내용은 사실과 틀림 없습니다.
署名 Signature 서명

▲ 일본 입국카드

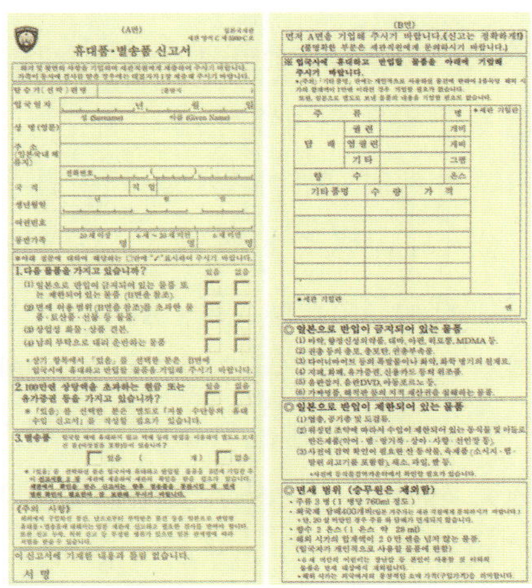

▲ 일본 세관신고서

2) 면세기준

모든 여행객은 각국이 정하고 있는 관세법을 준수해야 한다. 객실 승무원은 해당 국가의 면세 한도 기준을 숙지하고 문의하는 승객에게 정확한 안내를 제공해야 한다.

주요 국가 면세기준

국가	주류	담배	향수	면세 총액
한국	2병 (총용량 2L 이하, 총가격 USD 400 이하)	1보루	100ml	USD 800
미국	1L	1보루	150ml	비거주자 USD 100 거주자 USD 800
일본	3병	1보루	2oz (약 60ml)	20만 엔(JPY)
중국	1.5L	2보루	적당량	2,000위안(CNY)
프랑스	22도 이상 알코올 1L 22도 이하 주류 2L	1보루	50g	430유로
호주	2.25L	25개비	면세 총액 범위 내	AUD 900

※ 참고: 담배 1보루 = 10갑 = 200개비

2. 해외 체류(Lay-over) 준비

중·장거리 국제선 비행의 경우, 해외 도착 후 한국으로 돌아가는 In-bound 비행 전까지 객실 승무원은 현지에서 해외 체류의 기회를 얻게 된다. 이때 해당 Station의 날씨, 기온 등을 고려해 해외 체류에 필요한 개인별 옷가지와 세면도구 등의 짐을 챙긴다.

장거리 비행 중 해외 체류는 긴 시간의 비행 업무에서 벗어나 휴식을 취하며 다음 비행을 위해 재충전할 기회라는 점에서 승무원에게 무엇보다도 귀중한 시간이다. 그러나 이 시간 역시 근무의 연장이라는 점을 잊지 말고 적당한 휴식시간과 자유시간을 갖는다.

해외 체류 시에는 Station이 속해 있는 행정구역상 Boundary를 넘어 이동할 수 없으며, 외출 시에는 객실 사무장에게 행선지, 연락처, 용무 등을 알려야 한다. 또한 다음 비행을 위한 Pick-up 12시간 전부터는 충분한 휴식상태를 유지하여 비행 근무에 지장이 없도록 해야 한다.

1) 승무원의 가방

객실 승무원의 가방은 회사 지급품에 한하며, 크기와 용도가 다양하므로 비행노선에 따라 적절히 사용한다. 객실 승무원의 가방에는 Crew Tag를 부착하여 승객의 짐과 구분할 수 있도록 한다.

ymgerman / Shutterstock.com

▲ 다양한 크기의 가방들

▲ Crew Tag

Q&A

? 객실 승무원의 가방이 궁금해요! 장거리 해외 체류를 위한 가방에는 어떤 것들이 들어있나요?

승무원마다 가방을 싸는 방법은 다르지만, 보통 여러 가지 크기의 여행용 파우치로 가방 내부를 정리합니다.

우선 비행을 가는 Station의 계절에 맞는 옷과 신발, 가방, 액세서리류를 챙깁니다. 여름에는 옷이 얇아서 가방을 싸는 것에 부담이 없지만 겨울에는 옷의 부피가 커서 짐이 많아집니다. 그래서 최대한 부피를 줄이기 위해 겨울에는 경량패딩을 애용한답니다.

대부분의 체류 호텔에는 운동을 할 수 있는 Gym이 있기 때문에 운동복과 운동화도 챙깁니다. Gym이 없는 호텔이라도 방에서 간단한 홈트레이닝을 할 수 있도록 운동복을 챙깁니다.

해외 체류 시에는 물과 환경이 바뀌기 때문에 피부가 거칠어지기도 합니다. 그래서 조금 더 피부 관리에 신경 쓰는 편입니다. 세면용품과 화장품류는 원래 쓰던 화장품을 공병을 이용해 적당량 덜어 가고, 보습을 위해 마스크팩과 수면팩도 넉넉히 가져갑니다. 또 잠이 오지 않을 때 영화나 드라마를 볼 수 있는 Tablet PC와 읽을 책들도 챙깁니다.

현지에 가서 맛있는 음식을 즐기는 편이지만 한국 음식이 그리울 때나 시차가 맞지 않아 새벽에 배가 고플 경우를 대비해 검역사항을 위반하지 않는 스낵이나 라면도 챙겨 갑니다.

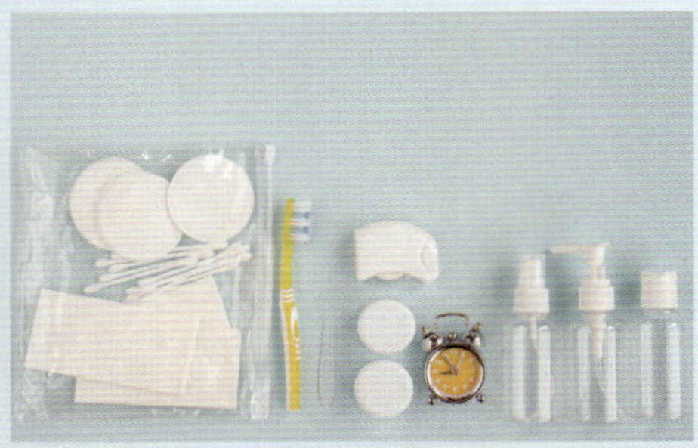

2) 필수 휴대품

객실 승무원은 비행 근무를 위해 필수 휴대품을 확인하고 준비해야 한다. 객실 승무원의 필수 휴대품으로는 출입국에 필요한 여권과 Visa, 국적기 승무원임을 증명하고 출입국 절차의 간소화를 위해 법무부에서 발급하는 승무원 등록증, 객실 승무원 업무 교범(COM-Cabin Operation Manual), 회사에서 발급한 직원 신분증인 ID Card가 있다.

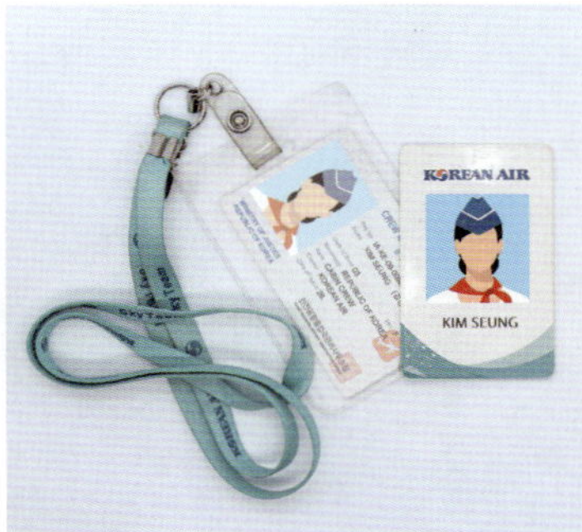

> 최근에는 종이로 된 Hard Copy COM 대신 전자기기(Tablet PC)를 활용한 전자 업무 교범을 이용하고 있다.

이외에도 출입국 및 비행 근무에 필요한 서류, 업무 시 착용하는 기내화, 기내식 서비스용 앞치마, 남 승무원용 Vest, Memo-pad, 기타 개인 휴대품으로 지정된 물품 등 비행 업무에 필요한 여러 가지 휴대품을 준비해야 한다.

Q&A

객실 승무원의 비행 하루 전날이 궁금해요.

우선 비행 준비를 합니다.

내일 있을 브리핑과 비행을 대비해 브리핑 시트에 나와 있는 정보와 그 외 비행과 관련된 사항을 외우다시피 공부합니다. 그리고 개인용 비행 다이어리에 Station Information을 각각 정리해 해당 Station에 비행을 갈 때마다 최신 정보로 업데이트 한답니다.

그리고 난 후 필수휴대품을 포함하여 내일 비행에 필요한 물품들을 정리하여 가방에 챙깁니다.

내일 입을 유니폼과 구두를 손질하는 것도 잊지 말아야 합니다. 유니폼은 구겨진 곳이 없게 다림질을 하고, 구두도 반짝반짝 윤이 나게 닦아 놓습니다. 손재주가 없다면 회사에 있는 구둣방을 이용하는 것도 좋은 방법이랍니다.

비행과 관련된 준비가 끝나면 이제 개인적인 시간을 보냅니다. 인터넷을 검색해 여러 리뷰를 읽어 보며 Station에서 방문할 맛집과 명소를 찾아보곤 합니다. 주로 호텔과 멀지 않은 곳을 위주로 List-up해 놓는답니다.

그리고 가장 중요한 컨디션 관리를 합니다. 컨디션을 관리하는 방법에는 운동, 수면 관리, 식습관 관리 등 여러 가지 방법이 있습니다. 영양이 골고루 들어간 맛있는 끼니를 챙겨 먹고 요가나 헬스, 필라테스 등 내 몸에 맞는 운동을 해서 체력을 관리합니다.

자기 관리만큼 중요한 것은 없답니다. 많은 객실 승무원이 비행하는 틈틈이 시간이 날 때마다 운동을 해서 건강한 체력을 유지하고 스트레스를 해소합니다.

장거리 비행 전날은 온전히 다음 날 비행을 위해 존재한다고 해도 과언이 아닙니다. 되도록 늦은 시간 약속은 잡지 않고 최상의 컨디션을 위해 노력한답니다. 그리고 체력 소모가 큰 장거리 비행을 대비해 보통 일찍 잠자리에 듭니다.

02 On the Departure Day

출발 당일

1 | 출근 전 준비

2 | 출근 후 업무

Chapter 02 | 출발 당일

오늘은 드디어 로스앤젤레스 비행이 있는 날!
어젯밤에 정성스럽게 다려 놓은 유니폼을 입어 볼까?
회사를 대표하는 유니폼을 입을 때에는 이미지 메이킹에 한층 신경을 쓰게 된다.
우리 항공사의 유니폼에 어울리는 화사한 Make-up과 깔끔한 머리 손질을 해 볼까?
머리하는 건 여전히 너무 어렵다.
열심히 노력하면 나도 사무장님처럼 세련되고 멋진 분위기의 승무원이 될 수 있겠지?
외면뿐만 아니라 내면까지
승객을 위할 줄 아는 전문 서비스인의 모습을 갖추기 위해 끊임없이 노력해야겠다.

필수 휴대품들을 챙겼는지 한 번 더 확인하고 브리핑을 위해 회사로 출발!!

사무장님과 여러 선배님들이 함께하는 객실 브리핑은 여전히 긴장되지만,
비행에 관한 여러 가지 정보를 서로 공유하고,
필요한 정보를 알고 있는지 재점검할 수 있어 유익한 것 같다.
나도 시간이 지나 후배들에게 유익한 비행 Tip을 전수해 주는 멋진 선배가 되고 싶다!

객실 브리핑이 끝난 후에는 함께 가는 기장님들과의 합동 브리핑이 있다.
오늘 로스앤젤레스까지 비행시간은 10시간 50분이라고 한다.
기장님~ 오늘 로스앤젤레스까지 안전 운항 부탁드립니다!
객실은 저희가 책임지겠습니다!

1 출근 전 준비

Preparation Before Work

1. 이미지 메이킹

각 항공사는 자사의 이미지를 반영하는 고유 디자인의 유니폼을 심혈을 기울여 선정하고 제작한다. 유니폼은 각 항공사의 이미지를 대표하는 하나의 CI(Corporate Identity)라 할 수 있으며, 유니폼을 입고 대(對)고객 서비스를 제공하는 객실 승무원은 항공사의 이미지 크리에이터라 할 수 있다.

그러므로 객실 승무원은 회사를 대표한다는 마음가짐으로 유니폼에 어울리는 품위 있는 행동과 말투를 지녀야 한다. 또한 승객들을 대면하여 서비스를 제공하는 만큼 용모와 복장에 대한 회사의 규정을 숙지하여 늘 단정하고 깨끗한 모습을 유지해야 한다.

각 항공사는 자사의 이미지 관리 및 홍보 차원에서 유니폼과 승무원의 Hair-style, Make-up, 액세서리 착용에 관한 규정을 두고 있다.

M101Studio / Shutterstock.com

M101Studio / Shutterstock.com

1) 유니폼

유니폼은 내부적으로는 같은 유니폼을 입는 승무원 간의 일체감과 결속력을 높여 주는 기능을 하며, 대외적으로는 통일된 이미지와 국제적 감각의 세련미를 더해 주어 승무원과 항공사의 이미지를 제고하는 데 큰 역할을 한다.

© 연합뉴스

© 연합뉴스

유니폼은 회사에서 지급한 것으로 제한된다. 유니폼의 형태나 규격을 임의로 변경할 수 없으며, 각자의 개성과 취향에 따르기보다는 전체적인 이미지의 통일성을 중시해야 한다.

유니폼은 항상 완전한 상태로 착용해야 하며, 오염이나 얼룩이 없도록 청결하게 유지해야 한다. 또한 기내에서 근무를 할 때 착용하는 복장이므로 본인의 체형에 맞는 사이즈를 선택하여 일을 할 때 불편하지 않도록 해야 한다.

근무 시 유니폼에는 규정된 부착물(명찰, Wing, 남자 승무원의 경우 직급에 알맞은 견장, 기타 회사에서 지정한 부착물)만 패용해야 하며, 개인적인 부착물을 패용해서는 안 된다.

2) Make-up

객실 승무원의 Make-up 기본은 밝고 건강한 이미지 연출이다. 또한 유니폼과 어울려야 하며, 승객이 편안하고 따뜻함을 느낄 수 있는 온화한 Make-up을 하는 것이 중요하다.

- 밝고 건강한 이미지 연출
- 유니폼에 어울리는 화장
- 자연스러운 화장

지나친 Make-up을 하면 서비스를 제공하는 전문 서비스인다운 이미지를 연출하기 어려우며, 보는 이로 하여금 부담스러움을 느끼게 하여 서비스 신뢰감을 잃게 할 수 있다. 그러므로 과한 Make-up보다는 본인의 매력을 살릴 수 있는 자연스러운 Make-up을 연출하여 승객들에게 서비스 신뢰감을 얻을 수 있도록 해야 한다.

Sorbis / Shutterstock.com

승무원의 파우치가 궁금해요. 파우치 안에 무엇이 들어 있나요?

객실 승무원 개인별로 파우치 내용물은 조금씩 차이가 있지만 작은 파우치 안에 긴 비행시간 동안 개인에게 필요한 알찬 Item들로 가득하답니다.

먼저 기내는 굉장히 건조합니다.

건조한 기내 환경으로부터 피부를 지켜 줄 수분 미스트와 핸드크림, 립밤, 인공눈물은 필수랍니다.

그 외에도 칫솔과 치약, 비행 중간중간 수정 화장을 위한 쿠션이나 팩트류, 아이라이너 펜슬, 립스틱과 같은 색조 화장품류, 면봉, 틈틈이 뿌리는 향수가 있습니다.

그리고 건강을 챙겨 주는 영양제가 들어 있는 약통, Rest 때 사용할 이어폰 또는 Earplug 등 다양한 용품들이 파우치 안에 있답니다.

3) 머리 손질(Hair-do)

객실 승무원의 머리 손질(Hair-do)은 항상 단정하고 건강한 상태를 유지해야 하며, 유니폼과 본인의 얼굴형이 조화를 이루어야 한다. 또한 근무 시 일의 능률과도 직결되므로 업무 특성에 맞는 깔끔한 머리 모양(Hairstyle)을 유지하는 것이 중요하다. Hair Styling을 할 때에는 회사에서 지정한 Hair Accessory(헤어밴드, 헤어핀, 망, 보조핀, 고정용 핀)를 이용해 단정히 연출한다.

(1) 짧은 머리형

- 웨이브가 없는 커트 Style과 어깨선에 닿지 않을 정도 길이의 단발 Style
- Hair Dryer를 사용해 볼륨감 있고 단정하게 손질한다.
- 재킷의 깃 아래로 내려오지 않도록 적절한 길이를 유지한다.
- 앞머리가 눈을 가리지 않아야 하며, 서비스 시 머리카락이 흘러내리지 않도록 헤어밴드나 앞머리 고정핀으로 고정해야 한다.

(2) 긴 머리형

- 긴 머리형에는 French Twist Style과 망으로 감싸 묶는 Style이 있다.
- 헤어망을 이용해 단정히 묶되, 머리를 묶는 위치가 너무 낮거나 높지 않도록 주의한다.
- 보조핀은 양 옆에 2개까지 착용할 수 있으며, 잔머리는 Hair Styling 제품을 사용해 깔끔하게 정리한다.

(3) 남성의 머리 손질

남자 객실 승무원은 항상 단정하고 깔끔하게 짧은 길이의 머리 모양(Hairstyle)을 유지해야 한다.

앞머리는 눈썹을 가리지 않아야 하며 흘러내리지 않도록 머릿결에 따라 Hair Styling 제품으로 고정해야 한다. 옆머리 또한 귀를 덮지 않아야 하며, 뒷머리는 셔츠 깃의 상단에 닿지 않는 것이 단정해 보이므로, 전체적인 머리카락의 기장도 세심하게 신경 쓰도록 한다.

4) 액세서리

- 유니폼 착용 시 시계는 반드시 착용해야 한다. 단, 화려한 색상이나 지나치게 큰 사이즈가 아닌 단순한 디자인의 정장용 액세서리를 착용한다.
- 시계의 Strap은 Gold, Silver, Stainless Steel이나 검정, 갈색, 짙은 남색의 가죽 또는 고무 밴드 종류로 제한한다.
- 반지는 단순한 디자인으로 1개가 허용된다. 폭 10mm 이내의 금, 백금, 은 소재에 한하며, 업무를 할 때 걸리기 쉬운 돌출 형태의 반지는 제한한다.
- 목걸이는 유니폼 착용 시 외부에 비치거나 드러나지 않도록 한다.
- 귀걸이는 단순한 디자인의 부착형 1쌍에 한하여 허용하며, 크기는 폭 5mm 이내로 제한한다. 유색의 보석류나 흔들거리는 디자인은 금하며, 한쪽 귀에 1개씩만 착용해야 한다.
- 유니폼을 착용할 때 모든 종류의 팔찌는 착용을 금한다.
- 남 승무원은 지급된 넥타이핀을 착용해야 하며, 넥타이를 맨 상태에서 위에서 2/3 위치에 꽂는다.
- 벨트는 지급품만 착용할 수 있으며, 버클의 도금을 포함해 상태가 양호하지 못할 경우 즉시 교체한다.
- 객실 승무원은 승객을 대면해 서비스를 제공하기 때문에 이외의 액세서리나 피어싱, 문신 등은 금한다.

2. 출근 시 주의사항

객실 승무원은 일반적으로 공항에 위치한 회사 빌딩으로 출근하며, 이곳에서 비행에 필요한 최종 준비를 한 후 해당 편 승무원들과 대면하는 객실 브리핑을 실시한다. 교통혼잡, 출근시간 등 여러 가지 상황을 고려하여 충분한 시간적 여유를 두고 출근한다. 출근 시에도 비행 근무에 준하는 유니폼 착용 및 Make-up, Hair-do를 유지해야 한다.

유니폼을 입는 객실 승무원은 기내에서 근무할 때뿐만 아니라, 출퇴근할 때와 해외공항 도착 후 호텔로 이동할 때 등 외부 이동 시에도 많은 사람들의 시선을 받게 된다. 그러므로 언제, 어느 때나 회사를 대표한다는 마음으로 항상 청결하고 단정하게 유니폼 착용을 유지해야 하며, 유니폼을 착용했을 때에는 일상적인 행동에도 세심한 신경을 써야 한다.

Sorbis / Shutterstock.com

2 출근 후 업무

Preparation Work

1. 브리핑 준비

객실 승무원은 정해진 시간과 장소에서 객실 사무장이 주관하는 객실 브리핑(Cabin Briefing)에 참석해야 한다.

객실 브리핑의 목적

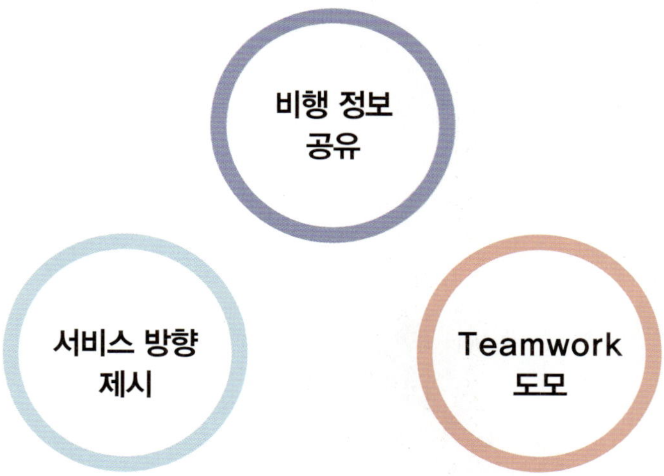

객실 브리핑은 해당 편에 필요한 정보를 공유하고 전체적인 서비스 방향을 제시하며 동승 승무원과의 Teamwork를 도모하는 데 목적이 있다. 객실 브리핑의 활용도에 따라 해당 편 비행의 서비스 품질이 좌우되므로 객실 승무원은 객실 브리핑의 중요성을 인지하고 해당 비행을 위한 준비를 완전히 끝낸 후 브리핑에 참석해야 한다.

1) 필수 휴대품

객실 승무원은 비행 전, 비행 근무를 위한 필수 휴대품을 확인하고 준비해야 한다.

- 여권, Visa
- 승무원 등록증
- 객실 승무원 업무 교범(COM-Cabin Operation Manual)
- ID Card

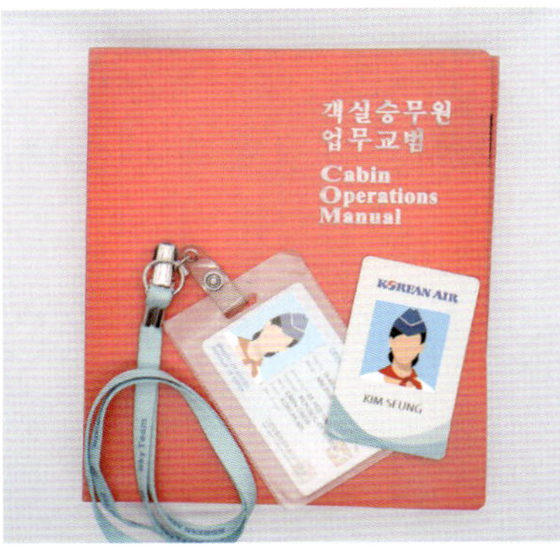

2) 브리핑 전 객실 승무원 숙지사항

객실 승무원은 브리핑 참석 전, 해당 편의 주요 특이사항을 확인하고 점검하여 비행 근무에 차질이 없도록 해야 한다.

- 해당 편 브리핑 시트 내용 숙지
- 항공기 기종 및 특성
- 항공기 내, 비상장비 및 보안장비
- IFE 시스템 사양과 주의사항
- 비상사태 처리절차
- Door 작동법
- 기내 주요 설비와 작동법
- 기내 서비스 방법 및 절차
- 목적지 정보(입국서류, 면세기준, 해당국 보안규정, 공항정보, 환승절차, 시차 등)
- 최신 업무지시 및 회사 공지사항
- 고객 관련 최근 불만 및 칭송사항

2. 객실 브리핑(Cabin Briefing) 실시

객실 브리핑은 해당 편의 객실 사무장이 주관하여 진행한다. 함께 비행하는 객실 승무원들을 처음 만나는 시간이자 전체적인 비행 업무의 첫 출발점에 해당하는 중요한 시간으로, 모든 승무원은 객실 브리핑 시 능동적인 자세로 참여하고 객실 사무장의 지시사항을 적극적으로 수용해야 한다.

▶ 객실 브리핑 내용

- 해당 편 승무원 인원 확인
- 상호 Duty 및 Jumpseat 확인
- 올바른 용모 복장 확인 (Image Making 지도)
- 객실 승무원 필수 휴대품 소지 여부 확인
- 비행 정보 공유—Flight General Information, Safety Information, Station Information, 기내식(Class별 Meal Type), 서비스 절차, IFE System
- SHR상 승객 특별서비스 요청사항
- 최근 회사 업무지시/공지사항
- Service Tip

+ Tip

SHR(Special Handling Request)

SHR이란 탑승객에 관한 정보가 기재된 서류로 승객 인적사항 및 특별서비스 요청사항, 승객 좌석번호 등 승객의 개인 정보가 'Service Code' 형태로 표기되어 있다.

승객의 개인 정보는 회사의 지침과 관련 법률에 따라 엄격히 관리되어야 한다. SHR은 승객의 개인 정보가 집약된 서류이므로 객실 승무원은 SHR을 철저히 관리해야 하며, SHR에 기재된 승객의 개인 정보를 유출해서는 안 된다.

최근에는 Paperless의 업무 환경 조성 및 업무 효율성 개선을 목적으로 Paper형태의 SHR 대신, 기내에 탑재되는 Mobile 기기를 이용한 Mobile SHR을 운용하고 있다.

3. 합동 브리핑(Joint Briefing) 실시

객실 브리핑을 마친 객실 승무원은 운항승무원과의 합동 브리핑에 참석해야 한다. 합동 브리핑은 기장 주관하에 운항승무원과 객실 승무원이 함께 모여 안전에 관한 협력 체제를 구축하는 시간이다.

▶ 합동 브리핑 내용

- 안전, 보안 관련 사항(조종실 출입절차 및 비상 처리절차, 그 외 안전 고려사항)
- 계획된 비행시간, 고도, 항로
- 항로와 목적지의 기상(예상되는 Turbulence 고도, 시간)
- 운항 승무원과 객실 승무원 간의 상호 협조사항
- 승객 예약상황, 화물 탑재사항(필요시)
- 항공기 설비 관련 협조사항 등

Sorbis / Shutterstock.com

+ Tip

운항 승무원(PIC, FO)

■ **PIC(Pilot in Command)**

국토부 운항기술기준에 따르면 기장은 비행 중 항공기의 운항 및 승객과 승무원, 화물의 안전을 책임지는 조종사를 말하며, 해당 비행 구간의 PIC는 회사가 지정한다.

PIC로 임명된 기장은 해당 편의 안전 운항에 대한 절대적이고 총괄적인 책임을 가지며, 해당 편 비행이 종료된 후 모든 승무원이 해산할 때까지 승무원에 대한 지휘감독권을 가진다.

■ **FO(First Officer)**

부기장은 비행 근무 중 기장의 지시에 따라 기장을 보좌하거나 대행하는 운항 승무원을 말한다. 부기장의 주요 임무는 안전하고 효율적인 항공기 운항이 될 수 있도록 기장을 보좌하는 것이다.

객실 브리핑 실습해 보기

객실 브리핑을 주관하는 객실 사무장, 객실 사무장을 보좌하는 객실 부사무장, Duty별 일반 승무원을 각각 배정하고, 다음 페이지에 있는 실습용 브리핑 시트(Briefing Sheet)를 참고하여 객실 브리핑을 실습해 보세요.

실습용 브리핑 시트(Briefing Sheet)

KE0017	2021.03.04.(THU) (UTC: 2021.03.04/THU)
ICN -> LAX (5973 miles)	Los Angeles International Airport, Los Angeles, USA
STD: 14:30 (+9) - STA: 08:30 (-8) CABIN BRIEFING: 12:30 JOINT BRIEFING: 12:55 FLT TIME: 11:00 / ACTUAL TIME:	

■ PAX INFO * RSVN : F 3 / C 28 / Y 212 (8 / 28 / 212)

Nationality	KOR	JPN	CHN	USA	EUR	SEA	MEA	OCN	CIS
	85	5	30	100	1	0	0	5	0
MMC/MP	SPML	FMLY	UM	WCHR	VOC	BSCT	CHLD	INFT	PETC
20	15	2	1	3	2	2	5	2	1

■ A/C : HL75XX(772S)

Seat Config	IFE			PRAM	ISPS	Satellite Phone
	System	Video	Audio			
8/28/212	i5000	AVOD	AVOD	Y	Y	Wall Mounted (2EA)

■ Duty Assignment * DP - ______

Duty	RANK	TEAM	NAME	J/S	Duty	RANK	TEAM	NAME	J/S	Duty	RANK	TEAM	NAME	J/S
FAL				R1	FAG				L1	FAR				R2
CAL				R2	CAG				L2					
CBL				L3										
YBL				L4	YBG				L2	YBR				R3
YCL				R4	YCG				L4	YCR				R4

* Purser's Comment

ANN		ANN Monitoring	
In-flight Sales		TASER	
Catering Seal CHK		비상구 좌석 BRFG	

▪ Service Procedure

Phase	Time	Service Detail
1st SVC	15M after take-off	Amenity kit 1st Meal with beverage Entry documents Sales
PAX Rest	-	Beverage
2nd SVC	2H 30M before landing	Aperitif 2nd Meal with beverage
Preparation for approaching	40M before landing	Recheck on entry documents
Preparation for landing	20M before landing	Sealing carts & locking galley compartments

▪ Service Meal

	1st Meal	2nd Meal	In-between Snack
F	1. BIBIMBAP 2. PAN FRIED STRIPLOIN STEAK WITH GALBI SAUCE 3. SEARED RIB EYE STEAK WZ SHALLOT SAUCE 4. ROASTED COD WITH RED BELL PEPPER AND MUSHROOM SAUCE	1. DONGCHIMI COLD NOODLE 2. SUWON GALBI 3. STIR FRIED SHRIMP WITH BLACK BEAN SAUCE	COOKIE BROWNIE PECAN TART
C	1. BIBIMBAP 2. CHICKEN CURRY RICE 3. ROASTED SOLE FISH WITH TOMATO AND BERCY SAUCE 4. STIR-FRIED CHICKEN CHINESE STYLE WITH OYSTER SAUCE	1. PAN FRIED BEEF TENDERLOIN WZ MUSHROOM 2. SEAFOOD GRATIN WITH TOMATO SAUCE 3. DONGCHIMI COLD NOODLE	COOKIE PIZZA BAR SAMGAKGIMBAP
Y	1. KOREAN STYLE STIR FRIED SPICY OCTOPUS 2. BEEF BOURGUIGNONNE 3. SALAD WITH CHICKEN	1. KOREAN HOT SPIC CHICKEN STEW 2. FRIED COD FISH WITH HOT BEAN SAUCE 3. BEEF STEW WZ MUSHROOM	SAM GAK GIM BAB PIZZA MARGARITA CRACKER

■ Service Wine

	Red Wine	White Wine	Champagne
F	1. CHATEAU DU TERTRE 000 2. LOUIS LATOUR CORTON 000	1. ALBERT BICHOT 000 2. CHATEAU D'ESCLANS 000	PERRIER JOUET 000
C	1. CHATEAU LES TROIS 000 2. JEAN LUC COLOMBO 000	1. CHATEAU D'ESCLANS 000 2. CHATEAU DE C000	PERRIER JOUET 000
Y	JEAN D'ALIBERT 000	SACHA LICHINE 0000	

* **Flight Notice**
  - Door Open : L1, L2
  - 기내방송 언어 및 순서 : 한국어-영어
  - 도착 전 검역 영상물 상영

* **General Notice**
  - 안전/보안수검 대비 철저
  - 해외공항 탑승교에 빈 Box, 신문 등 방치 금지
  - 도착 전 주류 및 기내면세품 Red Seal 필요

03 Get to Know about Cabin Items

탑승 전 객실 용품 알아보기

1 | 서비스 용품

2 | 서비스 기물

3 | 객실 용품 취급 시 주의사항

Chapter 03 | 탑승 전 객실 용품 알아보기

비행기에는 없는 물건이 없는 것 같다!
10~12시간의 장거리 비행에 필요한 수많은 객실 용품들이
Galley와 객실의 Compartment에 탑재된다.
공간의 한정성이 있는 비행기에 이렇게 많은 물건들이 실리다니...
객실 승무원이 되기 전에는 몰랐던 사실이다.

객실 승무원이 일하는 공간인 Galley에는
기내식, 기내 음료, Headphone, Amenity Kit 등 승객 서비스에 필요한 서비스 용품들과
Pot, Glassware, Chinaware 등 서비스 보조용품인 서비스 기물들이
운반 기물에 실려 탑재된다.

객실 승무원은 비행 전 이렇게 탑재되는 모든 객실 용품들을 정확히 파악하고
이번 비행에 필요한 객실 용품이 잘 탑재되었는지 꼼꼼히 확인해야 한다.
그렇다면 객실 용품에는 어떠한 것들이 있는지 먼저 살펴볼까?

1 서비스 용품
Service Items

객실 용품이란 기내에 설치되어 있는 설비와 장비를 제외하고, 승객 서비스를 위해 기내에 탑재되는 모든 물품을 말하며, 서비스 용품과 서비스 기물로 나눌 수 있다.

객실 용품은 해당 편의 탑승객 수와 비행노선(장거리/단거리)에 따라 종류와 수량이 다르게 탑재되며, 객실 승무원은 승객 탑승 전 해당 비행에 필요한 객실 용품이 정확히 탑재되었는지 확인해야 한다.

또한 각각 쓰임이 다르기 때문에 객실 용품의 특성과 용도를 잘 파악하여 상황에 맞게 사용해야 한다.

객실 용품

서비스 용품	서비스 기물
기내식, 기내 음료, 소모품, Amenity Kit, 헤드폰, 베개, 담요 등	Cart, Linen, Tray, Cutlery, Glassware, Chinaware 등

서비스 용품이란 승객에게 일차적으로 제공되며, 그 자체가 서비스의 주가 되는 물품을 말한다. 항공사마다 자사의 이미지를 담은 고유의 색상과 디자인으로 서비스 용품을 제작한다.

대표적인 서비스 용품으로는 기내식, 기내 음료, Amenity Kit, 헤드폰, 그 외 소모품 등이 있다. 서비스 용품은 필요에 따라 적정량만을 사용하고 사용 후에는 정리된 상태로 보관한다.

1. 기내식

기내식은 비행 중 승객에게 제공되는 식사를 의미한다. 근래에 기내식은 단순히 배를 채우는 것이 아니라 비행의 즐거움을 경험할 수 있는 수단이며, 승객이 항공사의 서비스에 대해 갖게 되는 이미지와도 깊게 연관된다. 수준 높은 기내식은 승객이 항공사 서비스의 질을 평가하는 하나의 척도이자 서비스의 질을 좌우하는 역할을 하기도 한다.

기내식은 불특정 다수 승객의 건강을 고려하고 승객 모두가 만족하고 즐길 수 있는 메뉴로 선정하며 더욱 다양한 메뉴를 제공하기 위해 3개월 정도의 주기로 메뉴를 정기적으로 교체하고 있다.

기내식은 서양식에 근간을 두고 개발되고 있지만, 양식 이외에도 한식, 일식, 중식, 기타 현지 메뉴 등 다양한 기내식이 제공되고 있다. 또한 운항노선, 비행시간, 객실등급에 따라 서비스되는 메뉴가 다르므로 객실 승무원은 비행 전에 서비스하는 기내식 메뉴를 정확히 숙지해야 한다.

1) 일등석(First Class)

정통 서양식 코스별로 기내식을 제공하며, 3~4개의 주요리 중에서 승객이 한 가지를 선택한다.

승객이 원하는 식사시간대에 개별적으로 식사를 서비스하며, 엄선된 재료로 일류 요리사가 준비한 호텔급 기내식이 최고급 테이블 웨어에 제공된다.

Sorbis / Shutterstock.com

▲ 일등석 식사

2) 비즈니스석(Business Class)

정통 서양식 코스를 조금 줄인 세미(Semi) 코스 형식으로 서비스하며, 기내식과 음료, 디저트 등 일부 코스를 승객이 보고 선택할 수 있는 Presentation 방식으로 서비스한다. 3~4개의 주요리 중에서 승객이 한 가지를 선택한다.

▲ 비즈니스석 식사

3) 일반석(Economy Class)

한상차림(Pre-set Tray) 방식으로 서비스한다. 한 트레이 안에 주요리, 빵, 디저트 등이 모두 Setting된다. 2~3개의 주요리 중에서 승객이 한 가지를 선택한다.

▲ 일반석 식사

▶ 일반석 한식 비빔밥 기내식 Tray 구성

- Main Dish(비빔밥나물, 밥, 국)
- 한식 반찬
- 소스류(고추장, 참기름)
- 디저트
- 커피잔
- Cutlery

▶ 일반석 양식 기내식 Tray 구성

- Main Dish
- 빵 & 버터
- 샐러드
- 디저트
- 커피잔
- Cutlery

2. 기내 음료

기내 음료란 기내에서 서비스되는 음료로, 항공사는 노선별, 클래스별로 다양한 종류의 음료를 서비스하고 있다.

식사 서비스 시점을 기준으로 식전에는 식욕을 돋우기 위해 각종 주류와 Soft Drink류 등의 음료를 제공한다. 식사 중에는 와인이나 맥주 등 승객의 요구에 맞는 다양한 음료를 제공하며 식후에는 식후주와 커피 또는 차(Tea) 등을 제공한다.

구분	종류
비알코올 음료	생수(Mineral Water), 주스류, Soft Drink(탄산음료), Mixer류, 커피, 차(Tea)류, 우유 등
알코올 음료	와인(Wine)류, 샴페인(Champagne), 위스키(Whiskey)류, 브랜디(Brandy), 리큐어(Liqueur)류, 맥주 등

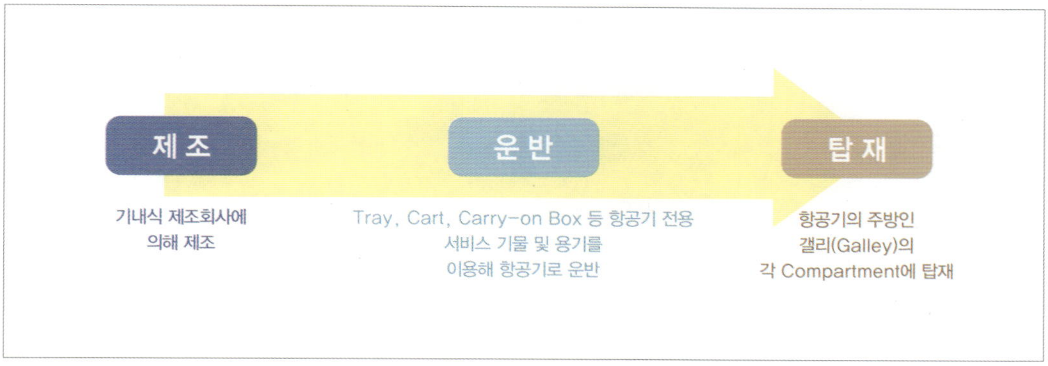

▲ 기내식 · 음료 탑재 과정

많은 항공사가 치열한 경쟁 속에서 우위를 차지하고자 승객의 다양한 기호에 부합하는 기내식·음료를 계획한다. 그리고 그 계획에 맞춰 기내식 제조 담당 회사가 기내식·음료를 제조하고 그 후 항공기에 운반, 탑재하는 과정을 거친다.

기내식·음료를 비롯한 객실 용품들은 Tray, 카트(Cart), Carry-on Box 등 항공기의 전용 서비스 기물 및 용기를 이용해 항공기까지 운반되어 Galley의 컴파트먼트(Compartment)에 탑재된다.

SubstanceTproductions / Shutterstock.com

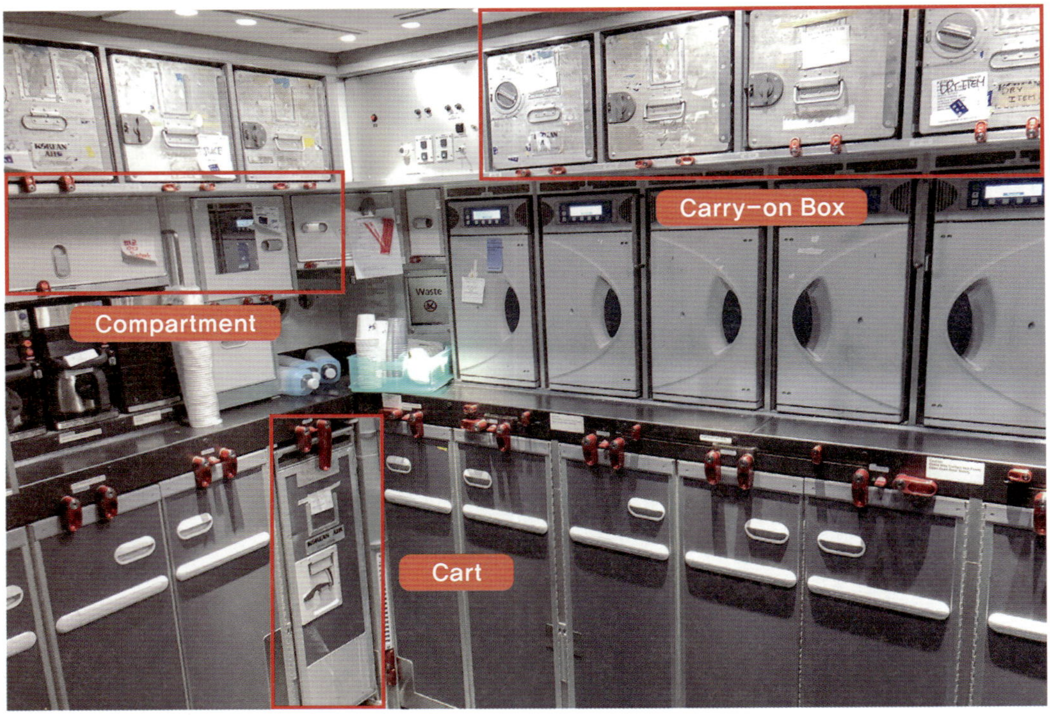

▲ Galley 내 객실 용품 탑재 모습

- Carry-on Box : 이동성이 있어 항공기에 탑재/하기 가능한 Box 형태의 보관공간
- Compartment : 기내에 고정된 보관공간
- Cart : 운반 기물

3. Amenity Kit

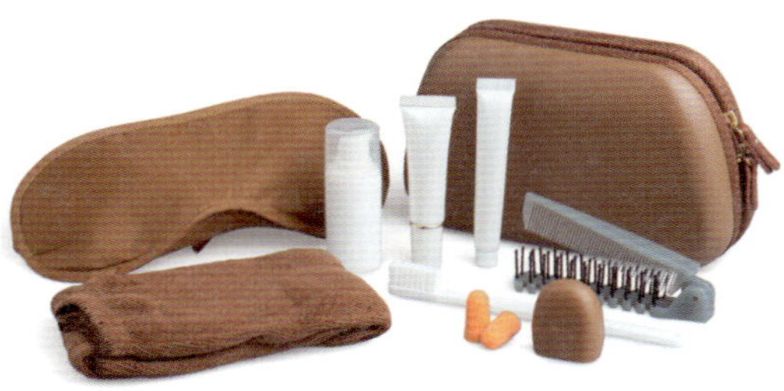

중·장거리 구간에서 승객 여행의 편의를 위해 제공되는 여행 편의용품으로, Class 별로 구성품이 조금씩 다르나 기본적으로 칫솔, 치약, 슬리퍼, 파우치 등으로 구성된다. 상위클래스의 경우, 기본적인 편의용품 외에 로션, 스킨 등의 화장품류, 수면 안대, Ear-plug, 양말 등이 들어 있어 승객의 편안한 여행을 돕는다.

한국 지역 출발 전, 클래스별 Galley 담당승무원이 지상에서 인수인계서를 참조하여 왕복편의 Amenity Kit 탑재 여부 및 수량을 확인한다.

4. Dry Item

소모품은 한 번 사용하면 닳아 없어지게 되어 못 쓰게 되는 물품을 말한다. 소모품 중 Dry Item은 기내에서 서비스 시 사용하거나, 승객에게 제공할 목적으로 사용하는 대표적인 서비스 용품이다.

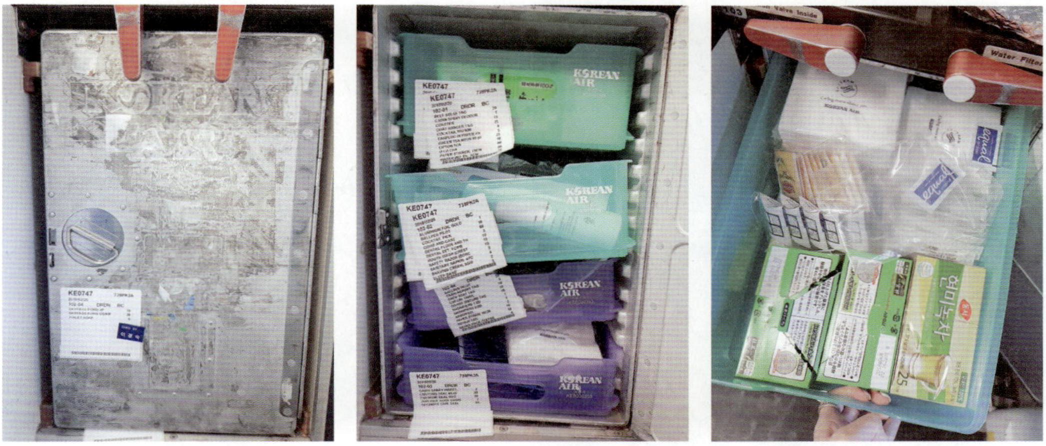

▲ Dry Item의 탑재 모습

Dry Item은 Drawer에 담겨 Carry-on Box에 탑재된다. 객실 용품이 담겨 있는 Cart나 Carry-on Box의 겉면에는 Tag가 부착되어 있다. Tag를 통해 내부에 어떤 객실 용품이 들어 있는지 확인이 가능하다.

+ Tip

Tag 정보 예시

KE003	388U	2021/03/05
YC		
ALUMINIUM FOIL GOLD		1
BABY DIAPER		1
COCKTAIL NAPKIN		200
SLEEP BAND		10
CABIN SPRAY		1
SKIN ESSENCE		4

- KE003 388U 2021/03/05 → 비행편명, 기종, 탑재날짜
- YC → Class
- 품목 목록 → 탑재된 객실 용품의 종류와 수량

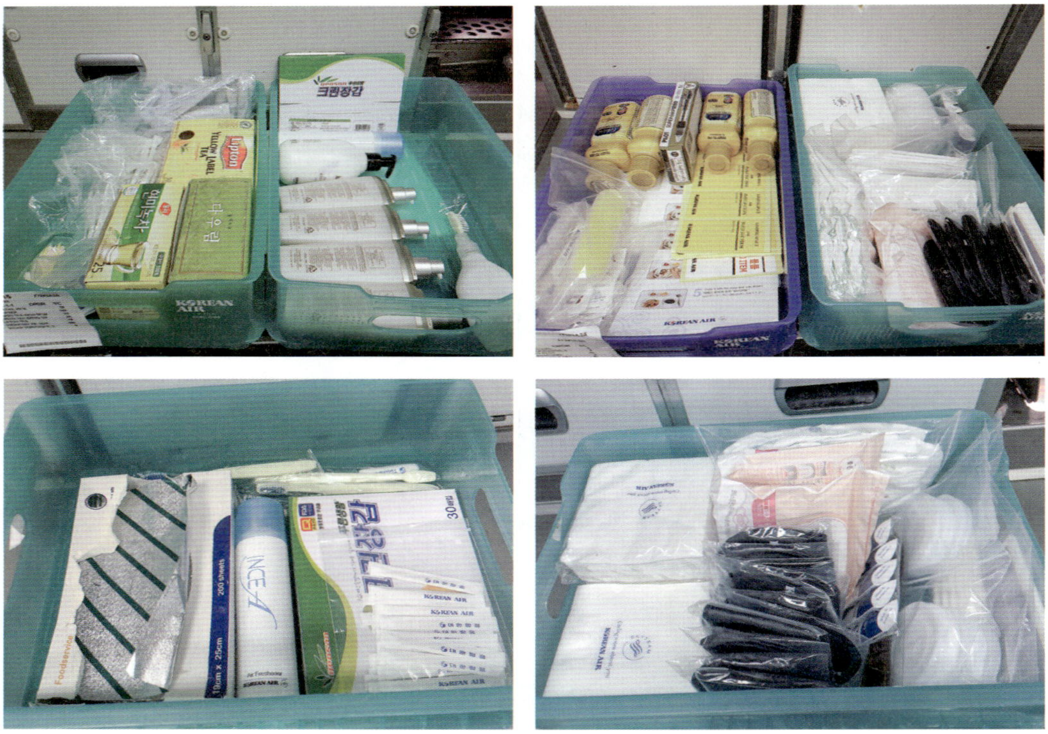

▲ Dry Item의 종류

- **비닐장갑**
  - Galley에서 음식물을 취급할 때 사용
  - 화장실 및 Aisle Cleaning 시 사용
- **Cocktail Napkin** : 승객에게 식음료를 제공할 때 사용
- **설탕, 크림, Tea Bag, 인공 감미료** : 커피 또는 Tea 서비스 시 사용
- **Muddler**
  - 알코올 음료를 얼음과 함께 제공하거나 칵테일 제공 시 사용
  - 뜨거운 음료 제공 시 사용
- **Cup-lid, Straw** : 어린이 승객에게 시원한 음료를 제공할 때 사용
- **알루미늄 포일** : 기내식 커버 비닐이 파손되었을 때 사용
- **화장실용품**(화장품류, Shaver & Shaving Cream, 칫솔 세트) : 화장실 Setting 용
- **Cabin Spray** : 기내 또는 화장실의 냄새를 제거할 때 사용
- **Towel Spray** : Cotton Towel 서비스 시 사용
- **Insecticide Aerosol** : 기내 해충 발견 시 또는 객실 검역 시 사용

- **Service Tag** : 기내식 서비스 시 사전 언급 없이 휴면을 취하셔서 주문을 받지 못한 승객 좌석 주변에 부착
- **안대, Ear Plug, 펜** : 승객 요청 시 제공 (회수하지 않음)
- **여성용 생리대, Baby 용품(기저귀, 액상 분유 등)** : 승객 요청 시 제공

+ Tip

Service Tag 부착 요령

일반석 기내식 서비스 시 주변의 소음에도 불구하고 계속 수면을 취하는 승객의 경우, 해당 승객이 휴식을 취할 수 있도록 주의하며 무리하여 깨우지 않는다. 그 대신 해당 승객의 앞 좌석 Seatback 또는 옆쪽 벽면에 Service Tag를 부착한다.

스티커를 부착할 때에는 스티커 접착 부분으로 인해 손상 또는 오염의 우려가 있는 Tray Table, Armrest에는 부착하지 않도록 주의하고, 접착 부분이 떨어지지 않도록 부착한다.

담당 승무원은 스티커를 붙인 후, 승객 좌석번호를 기입해 두고, 해당 승객이 일어나셨는지 관심을 가지고 수시로 확인하며, 승객의 식사는 별도로 보관한다.

이후 수면을 취한 승객이 취식을 원할 경우, 즉시 식사를 제공하고 스티커를 제거한다.

식사는 Approaching 시점 전까지 제공할 수 있으나 그 이후 요청하는 승객에게는 착륙 준비로 서비스가 불가함을 안내하고 양해를 구한다.

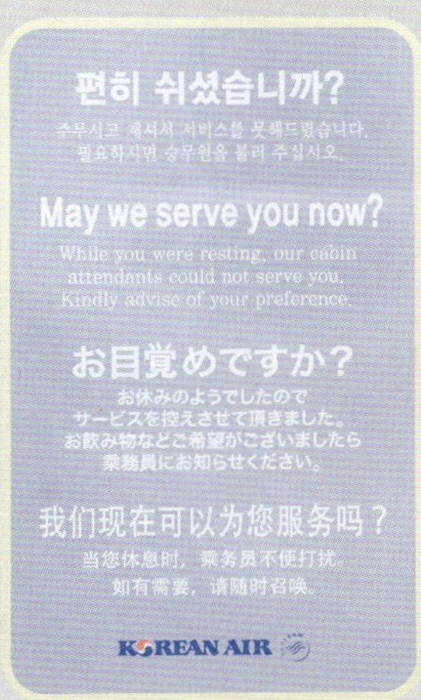

5. 어린이 탑승 기념선물(Child Give-away)

항공사는 국제선 노선에 탑승한 어린이 승객(만 2세 이상, 만 12세 미만)에게 탑승 기념선물을 제공한다. 항공사마다 조금씩 다르지만 대부분 비행 중 사용할 수 있는 모형 장난감 비행기, 색칠공부 그림책 등이 있다.

한국 출발편에서 왕복 노선의 탑승 기념선물이 탑재되므로 출발편 객실 사무장 또는 객실부 사무장이 지상에서 왕복편의 수량을 확인해야 한다.

2 서비스 기물

Service Equipment

서비스 기물이란 서비스 용품을 제외한 서비스 보조용품을 의미하며 Cart, Linen(리넨), Tray, 식기류 등이 대표적인 서비스 기물이다.

서비스 기물은 회수하여 세척 후 반영구적으로 사용할 수 있다. 그러므로 객실 승무원은 서비스 기물이 회사의 소중한 재산임을 인식하고, 훼손이나 손상을 줄일 수 있도록 주의하며 회수한 후에는 처음 탑재되었던 Cart 또는 Carry-on Box에 보관해 하기한다.

1. Cart

객실 용품을 담아 운반하는 운반 기물로, 용도에 따라 Meal Cart, Beverage Cart, 기내 판매 전용 Cart, Serving Cart가 있다.

- Meal Cart : 기내식 Tray 및 기타 서비스 용품 운반용

LukeandKarla.Travel / Shutterstock.com

▲ Meal Cart

- Beverage Cart : 주류 및 음료류 탑재 전용 Cart
- 기내 판매 전용 Cart : 기내 면세품 판매 전용 Cart로, 기내 면세품 판매 시 승객이 판매 상품을 볼 수 있도록 Cart의 중간 부분이 투명 아크릴판으로 되어 있다.

▲ Beverage Cart

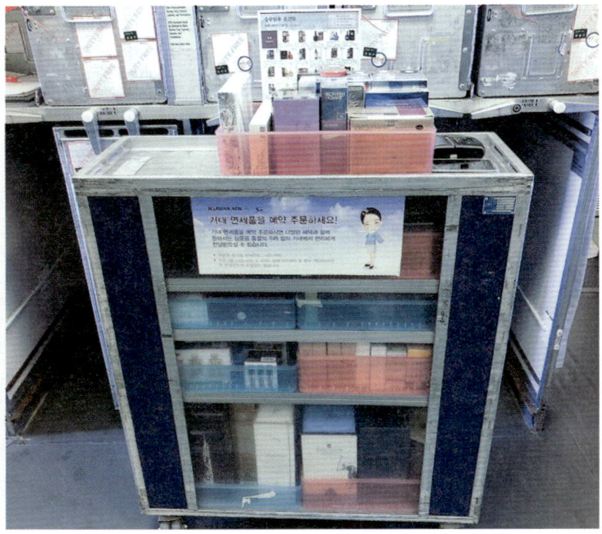

▲ 기내 판매 전용 Cart

- Serving Cart : Presentation용 Cart로, 승객에게 기내식을 비롯하여 각종 서비스 용품을 제공할 때 제공 물품을 보여 주기 위해 사용한다. 승객에게 제공하는 서비스 용품은 상단과 중단에 Setting하며 회수한 물품은 하단에 놓는다.
  - 일등석, 비즈니스석 : Meal, Beverage 서비스 및 회수용
  - 일반석 : 신문 서비스용

▲ Serving Cart

▶ 카트 취급 시 유의사항

- Cart Door를 여닫을 때에는 Locking 고리를 이용한다.
- Cart를 취급할 때에는 소음이 나지 않도록 주의한다.
- Cart는 안정감 있게 두 손으로 잡고, Aisle을 지날 때에는 승객이 다치지 않도록 주의한다.
- Cart 중단이나 하단에서 서비스 용품을 꺼내거나 넣을 때에는 무릎을 굽히고 자세를 낮추어 허리에 무리가 가지 않도록 주의한다.
- 혼자 Cart를 취급하는 경우, Cart 진행 방향에 위치하여 이동하고 서비스한다.
- 2명이 Cart를 취급하는 경우, 진행 방향의 전방에 있는 승무원이 주도하여 Cart를 끌고, 반대편 승무원은 보조 역할을 한다.
- Cart 서비스를 중지할 때에는 반드시 Cart의 Brake Pedal을 이용해 Cart를 고정해야 한다.

2. Tray

종류	용도
Large Tray	• 장거리 Meal Tray • Tray Basis 음료 서비스 및 Cup 회수 • 개별 서비스 용품 제공 및 회수
Small Tray	• 단거리 Meal Tray • 개별 서비스 용품 제공 및 회수 • Tea, Coffee 제공 시 • 입국서류 배포 시
2/3 Tray	• 중거리 Meal Tray
Serving Tray	• 상위클래스 서비스 및 기타 서비스 시

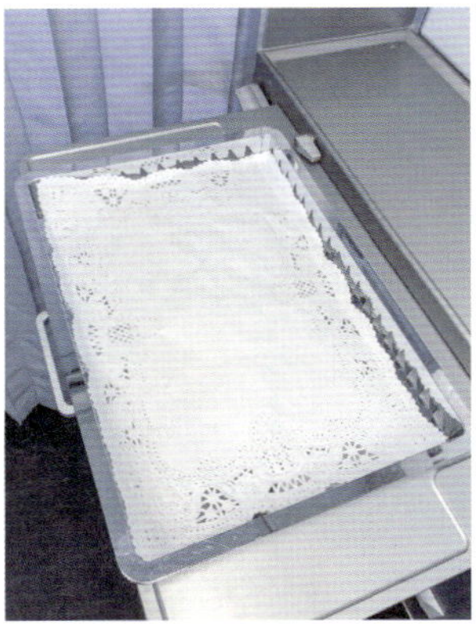

▲ 상위클래스 Serving Tray

▶ Tray 취급 시 유의사항

- Tray를 사용할 때에는 미끄럼을 방지하기 위해 반드시 Paper Tray Mat를 깔아 사용한다.
- Tray를 잡을 때에는 긴 면을 잡아 안정적으로 서비스하고 승객 응대 시 너무 높게 들지 않도록 유의한다.
- Aisle에서 서비스할 때에는 승객의 영역에 Tray가 침범하지 않도록 하며 Tray의 뒷면이 보이지 않도록 한다.

+ Tip

Meal Cart에는 식사 Tray가 몇 개 들어갈까?

장거리 식사를 위한 Large Tray는 Cart 한쪽 면에 14줄을 꽂을 수 있으며 반대쪽까지 합쳐 총 28개를 넣을 수 있다.

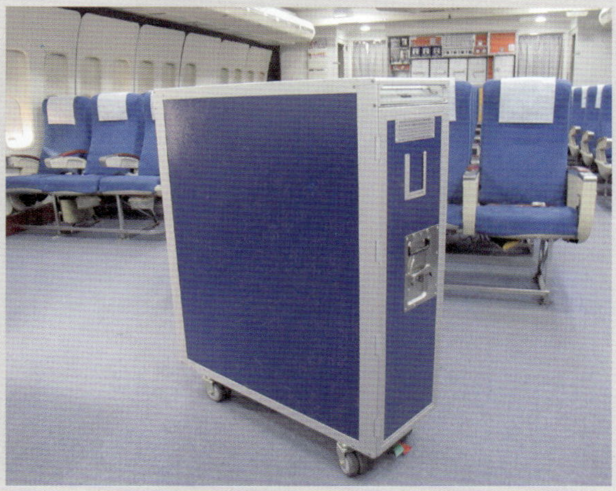

그렇다면 Small Tray와 2/3 Tray는 Meal Cart에 총 몇 개가 들어가는지 계산해 보세요.

3. Linen(리넨)

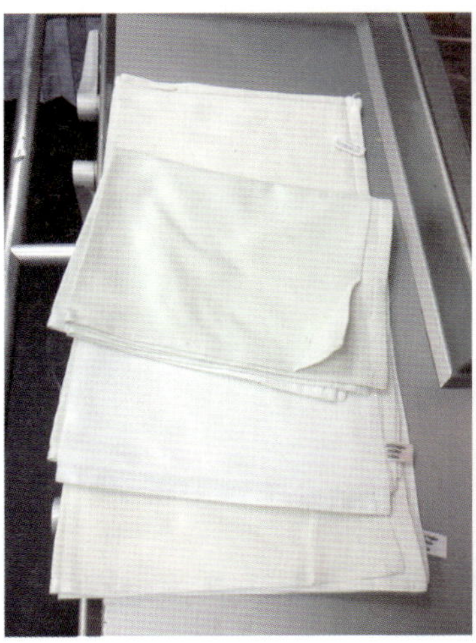

Sorbis / Shutterstock.com

기내에 탑재되는 직물 및 천류로, 크기와 재질에 따라 쓰임이 다르다.

상위클래스에서는 승객의 Table 위에 까는 Table Cloth, Tray 위에 까는 Tray Mat, 서비스 전에 승객에게 제공하는 Cotton Towel, Linen Napkin 등을 사용하며, 일반석에서는 와인 서비스 및 Bread 서비스 시 사용한다.

▶ Linen 취급 시 유의사항

- 사용 전에 청결 상태를 점검하며 구김이 가지 않도록 다룬다.
- 박음질 부위가 아래쪽으로 가도록 한다.
- 회수 및 사용한 Linen은 세탁을 위해 Linen 회수 전용 Vinyl Bag에 넣어 보관하고 도착 후 하기한다.
- 사용하지 않은 Linen은 따로 보관한 후 도착 후 하기한다.

4. Glassware, Chinaware

Glassware와 Chinaware는 주로 상위클래스에서 사용하는 서비스 기물로 종류가 다양하고 각각의 쓰임이 다르다. 객실 승무원은 Glassware와 Chinaware의 용도와 취급 주의사항을 익혀 올바르게 서비스해야 한다. 또한 제공 전에 반드시 파손 여부를 확인해야 하며, 쉽게 깨질 수 있으므로 관리에 유의한다.

Glassware의 종류와 용도

구분	용도
Tumbler Glass	• 물, 주스, Soft Drink, 맥주 • On the Rocks • Cocktail 등
Wine Glass	• Wine • Cocktail 등
Champagne Flute	• Champagne • Champagne Cocktail 등
Brandy Glass	• Brandy
Liqueur Glass	• Liqueur • Liquor Straight 등

Glassware 취급 시 유의사항

- Tumbler Glass의 1/3 밑부분을 잡는다.
- Wine, Champagne Glass는 Stem 부분을 잡는다.
- 승객의 입이 닿는 Glass의 Rim(입구) 부분에 손이 닿지 않도록 유의한다.
- 승객에게 서비스하기 전에 반드시 파손 여부를 확인한다.

Chinaware의 종류와 용도

구분	용도
9″ Plate	Main Dish
6″ Plate	Bread, Cheese, Fruit 등
Bowl Small, Medium, Large	Soup, Salad, 한식 국 등
Korean Rice Bowl & Cover	한식 밥
Side Bowl	한식 반찬 등
Coffee Cup	Coffee, Tea류

▶ Chinaware 취급 시 유의사항

- 손바닥으로 아랫부분을 받치듯 들며 엄지손가락을 가장자리에 붙여서 든다.
- 승객 Table에 놓을 때에는 한쪽이 먼저 바닥에 닿도록 내려놓은 다음 손가락을 조용히 뺀다.
- 용도에 맞는 올바른 Chinaware를 제공한다.
- 승객에게 제공하기 전에 파손 여부를 확인한다.

5. Cutlery

식사 시 사용하는 Knife, Fork, Spoon, 한식 숟가락, 젓가락 등의 식기류로 Stainless Steel, Silver 재질로 되어 있다. 양식용, 한식용 구분이 있으며, 일반석은 Meal Tray에 비닐 포장되어 Pre-setting되어 있다. 상위클래스의 경우에는 Course에 맞게 객실 승무원이 승객의 Table에 하나씩 놓아 드린다.

6. 그 외 Serving Tool

Serving Tool은 기내 서비스 제공을 위해 필요한 보조기물로, 종류가 다양하고 클래스별, 노선별로 제공되는 서비스에 따라 탑재 구성이 달라진다.

- Tongs : Ice Tongs/Towel Tongs/Bread Tongs

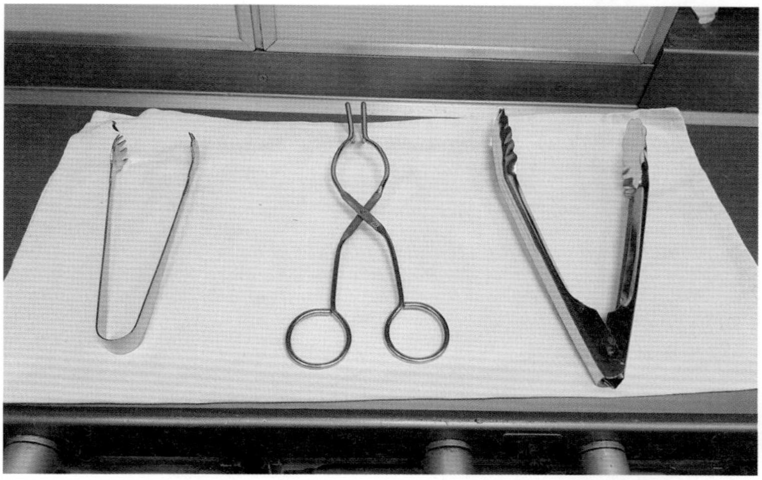

- Oven 장갑 : Oven 내 Main Dish 취급 및 기타 Oven 작업 시 사용
- Wine Opener
- Ice Scoop

• Pot : Coffee, Tea 서비스 및 일반석 한식용 국 서비스 시 사용
• Wine Server : Wine 서비스 시 Wine의 흘러내림 방지용 (비즈니스석, 일반석만 사용)

• Basket
  – Bread Basket
  – Towel Basket
  ※ Basket은 하기하지 않으며 사용 후에는 Galley Compartment에 보관한다.

3 객실 용품 취급 시 주의사항

Instructions for Cabin Items

Sorbis / Shutterstock.com

- 객실 용품은 탑재된 정위치(Cart, Carry-on Box)에 보관한다.
- 모든 객실 용품은 Class와 용도에 맞게 사용해야 한다.
- 비행 중 사용하지 않은 객실 용품은 사용한 객실 용품과 구분하여 보관한다.

• 사용하지 않은 일부 서비스 용품(스낵류, Ready-made 식품류, 소스류 등)과 서비스 기물(Chinaware, Glassware 등)이 들어 있는 Cart와 Carry-on Box에는 미사용 물품 Tag를 부착하여 하기시킨다.
• 훼손 또는 변형되지 않도록 유의한다.
• 일부 서비스 기물은 승객 눈높이에서 사용 시 불안감을 줄 수 있으니 주의한다.
• 서비스 기물은 승객 서비스를 위한 용품들이므로 Galley 바닥에 내려놓지 않는다.
• 사용 전에 청결도 및 상태를 확인한다.
• 승객에게 제공하는 기념품 개념의 서비스 용품을 제외한 모든 객실 용품은 외부 반출이 엄격히 금지된다.
• 객실 용품은 기내에서만 사용해야 하며, 관세법 및 식품 안전과 위생상 문제로 사용하지 않은 물품이라도 항공기 밖으로 반출할 수 없다.
• 수리가 필요한 기물은 Repair Tag를 부착하여 모기지에서 하기시킨다.

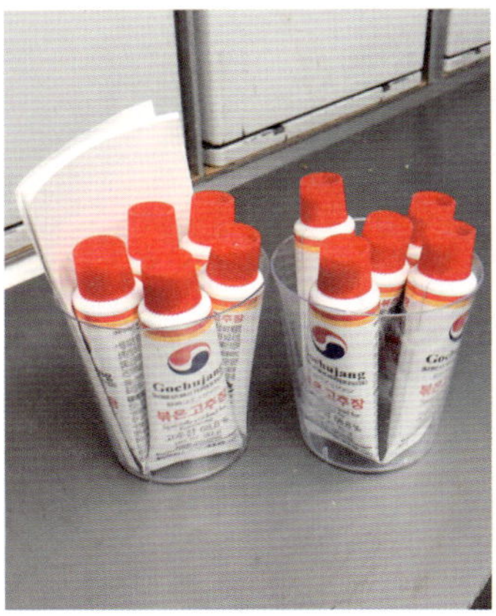

▲ 소스류-고추장

▲ 미사용 물품 Tag

▲ Repair Tag

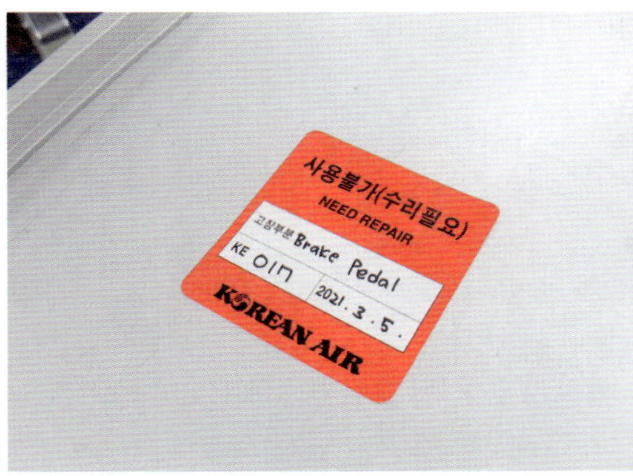

▲ Repair Tag Cart 부착 예시

기내식 및 객실 용품 인계인수서 예시

기내식/객실 용품 인계인수서

• FLT NO : KE000　　• A/C : B777

• HL No : 77XX　　• DATE : 2021. 03.05

구분	CLS	Normal Meal		Special Meal
		OUT BOUND	IN BOUND	
기내식	FR			
	PR			
	EY			
	Crew Meal			

Item	Unit	FR	PR	EY
주류/음료	Cart	1	1	4
소모품	C/box	1	2	3
기물류	C/box	1	2	3
Glassware	Cart	1	2	–
Chinaware	Cart	2	3	–
메뉴북	EA	8	30	–
슬리퍼	Bag	1	3	–
헤드폰	EA	8	28	212
	EA	8	28	212
Linen	PK	1	2	2
Towel	장	10	30	450
생수	Box	1	2	6
고추장	EA	10	30	150
Bassinet	EA	O/B : 2	I/B : 3	TTL : 3
신문	PK	O/B : 2	I/B : 2	

Supervisor : ____________________　　Purser : ____________________

04 After Boarding

항공기 탑승 후

Chapter 04 | 항공기 탑승 후

객실 브리핑과 합동 브리핑을 마친 후
드디어 우리가 탈 항공기로 이동해 볼까?
보안검색대에 가방을 올리고
직접 나도 검색대를 통과해 위험물을 소지하고 있지는 않은지 확인하고
출국 심사를 받은 후 게이트로 간다!

출발 Gate로 가니 우리를 LA까지 데려다 줄
A380 비행기가 도착해 주기되어 있다.
안녕, 돌고래를 닮은 A380?
오늘 로스앤젤레스까지 잘 부탁해!

Gate에 있는 지상 직원에게
오늘 탑승하는 승객 관련 특이사항을 전달받고 Gate 안으로 들어간다.
비행기는 청소작업과 탑재작업을 진행하는 지상 조업원들로 가득하고, 각자의 업무들로 분주하다.

나도 얼른 가방을 보관하고 본격적인 비행 전 업무에 돌입해야지!!
항공기에 탑승한 후 이루어지는 비행 전 업무는
승객 탑승 전, 중, 후로 구분할 수 있다.
이제부터 더 집중해 볼까?

1 승객 탑승 전 업무

Work Before Passengers on Board

객실 브리핑을 마친 객실 승무원들은 항공기 탑승을 위해 공항 청사로 이동한다. 객실 승무원이 항공기에 탑승하는 시각은 출발시각을 기준으로 국내선, 국제선 각각 정해져 있으나 객실 사무장 판단하에 조기 탑승할 수도 있으며, 항공기 도착이 지연될 경우에는 조속한 탑승을 위해 출발 Gate 주변에서 대기할 수 있도록 한다.

항공기에 탑승한 후에는 각자 배정된 Duty에 따라 안전과 서비스 분야에 대한 점검을 실시한다. 승객이 탑승하기까지의 시간이 여유롭지 않으므로 신속하게 실시하되 승객의 안전한 여행과 객실 승무원의 원활한 업무 수행을 위해 책임감을 가지고 정확하게 점검해야 한다.

Sorbis / Shutterstock.com

항공기가 출발한 후에는 부족한 용품을 추가로 탑재할 수 없으므로 비행 전 점검은 그 무엇보다 철저하게 진행한다.

1. Crew Baggage 보관

객실 승무원은 항공기 탑승 후 개인의 기내반입 휴대 수하물(Flight Bag, Hanger 등)을 지정된 장소에 승객의 안전과 편의를 최우선으로 고려하여 안전하게 보관해야 한다.

객실 승무원의 휴대 수하물은 각 Zone별 최후방 좌석의 하단을 우선으로 사용해서 보관하고, 공간이 부족한 경우 Overhead Bin 또는 Door가 장착된 Coatroom에 보관한다.

객실 승무원의 휴대 수하물에는 승객의 짐과 구분할 수 있도록 Crew Tag라는 회사 지급품이 반드시 부착되어 있어야 한다.

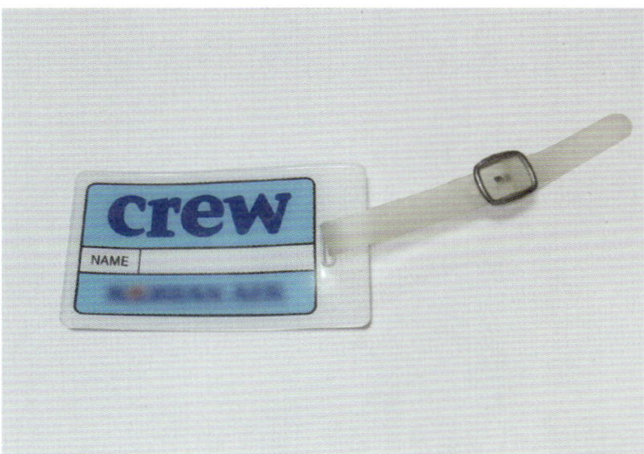

▲ Crew Tag

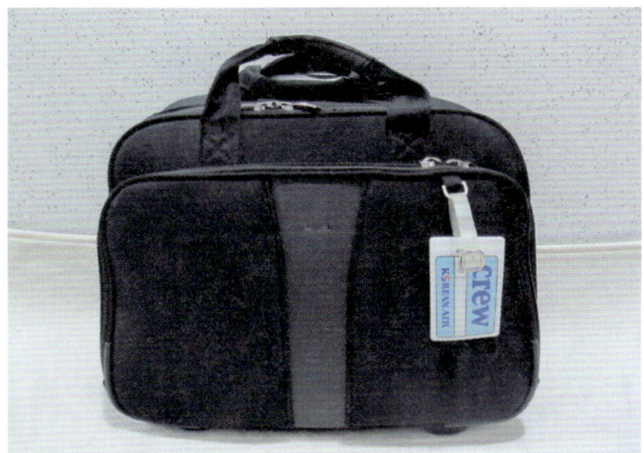

▲ Crew Tag를 부착한 가방

1) Zone별 최후방 좌석의 하단

승무원의 휴대 수하물은 각 Zone별 최후방 좌석의 하단을 우선으로 사용하여 보관한다.

각 Zone별 최후방 좌석의 하단은 전방과 통로 측 방향에 'ㄷ'자 형의 고정장치(Restraint Bar)가 설치되어 있으면서 각 Zone에서 가장 뒤쪽에 있는 좌석의 하단으로서, 승객이 사용하지 않는 공간을 말한다. 하지만 승객이 착석하는 좌석의 하단이므로 짐을 보관할 때에는 해당 좌석의 승객이 불편을 느끼지 않도록 유의하도록 하며, 이착륙 시 Aisle 쪽으로 짐이 튀어나오지 않게 하단에 완전히 넣어 보관한다.

2) Overhead Bin

Overhead Bin은 객실 천장 및 벽면 윗부분에 돌출되어 설치된 휴대 수하물 보관 전용 수납공간을 말한다. 객실 천장에 설치된 Center Overhead Bin과 객실 벽면에 설치된 Side Overhead Bin으로 구분된다.

supakitswn / Shutterstock.com

만약 승객 좌석 상단의 Overhead Bin을 사용하게 된 경우에는 해당 승객이 탑승 시 승객의 휴대 수하물을 보관할 다른 공간을 안내해야 한다.

3) Enclosed Coatroom

Coatroom은 기내에서 승객의 의복이나 의류 운반용 가방을 보관할 수 있도록 개인용 옷걸이를 준비해 놓은 의류 보관 전용공간이다. Door가 장착된 Coatroom에만 짐 보관이 가능하며, Coatroom의 Door는 사용하지 않는 경우나 이착륙 시에 항상 닫아 놓아야 한다.

Coatroom의 내부는 항상 정돈된 상태를 유지하며, 이착륙 시 불균형한 보관상태로 인해 소음이 발생하지 않도록 유의한다.

▲ Enclosed Coatroom

▲ Coatroom 내 가방 보관 모습

2. 비상/보안 장비 점검

항공기에는 조종실 및 승무원 좌석(Jumpseat) 주변 등 기내 곳곳에 응급처치, 화재진압, 비상사태 등을 위한 비상/보안 장비가 비치되어 있다.

객실 승무원은 각자 자신의 담당 구역별로 갖춰져 있는 비상장비와 보안장비를 정해진 방법에 의거해 점검해야 한다. 점검을 마친 후에는 비상장비와 보안장비의 이상 유무를 객실 사무장에게 보고한다.

객실 사무장은 비상/보안 장비 점검이 적절히 수행되고 있는지 전반적으로 확인해야 하며, 점검이 끝난 후 최종적으로 이상 유무를 기장에게 보고한다. 만약 이상이 있을 때에는 그 내용을 정비사에게 알려 비행 전에 적절한 조치가 취해질 수 있도록 한다.

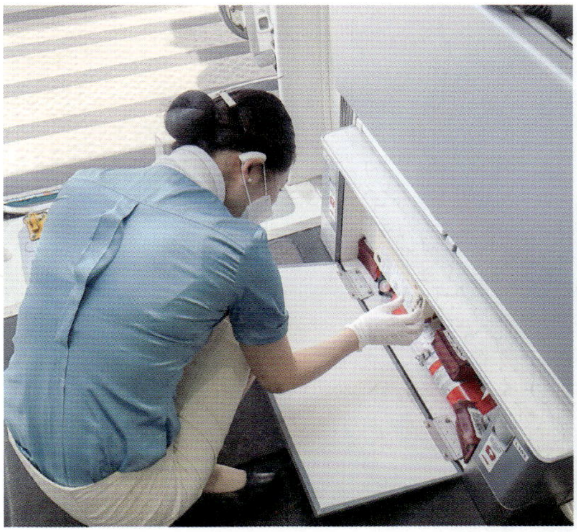

주요 비상장비 및 점검방법

장비	점검방법
승무원용 구명복	• 정위치 • 장비 수량 및 상태
Flash Light	• 정위치 • 충전 지시등 점멸
PO2(Portable Oxygen Bottle)	• 정위치 • 마스크와 PO2 Outlet의 연결 상태 • 압력 게이지 상태
Halon 소화기	• 정위치 • Seal 상태 • 압력 게이지 상태(Green Band)
Megaphone	• 정위치 • 작동 여부 • 고정 상태
FAK	• 정위치 • Seal 상태
AED(Automated External Defibrilator)	• 정위치 • Battery 상태 확인

3. 항공기 보안 점검

객실 승무원은 매 비행, 운항 시작 전에 항공보안규정에 따라 항공기 보안 점검을 실시한다.

객실 사무장이 전 승무원에게 PA(Public Address System)로 보안 점검을 지시하면 객실 승무원은 객실 사무장의 PA 지시에 따라 기내 곳곳에 의심 물품이 있는지 육안으로 확인한다. 만약 의심스러운 물건을 발견했을 때에는 즉시 객실 사무장과 기장에게 보고해야 한다.

▲ 항공기 보안 점검을 수행하는 객실 승무원

1) 객실 점검방법

- 좌석 상·하단, Seatpocket, 객실 통로, Floor, Overhead Bin, 코트룸, Crew Rest Area, Jumpseat 등을 육안으로 점검한다.
- 모든 Curtain은 들춰서 구석진 곳을 점검한다.
- 객실 내 모든 Compartment는 직접 열어서 점검한다.

+ Tip

CRA(Crew Rest Area)

중 · 장거리 노선 비행 시 승무원들이 휴식을 취할 수 있는 공간으로 비행 중 서비스 공백을 최소화하기 위해 조를 짜서 교대로 휴식을 취한다. 중 · 대형 항공기의 뒤쪽 2층 또는 중앙 Lower Deck에 위치하며 기종에 따라 6~12개의 침대와 좌석이 장착되어 있다.

CRA 점검은 비행 전, 착륙 전, 비행 후에 실시하며, 객실 사무장과 CRA의 출입구에서 가장 가까운 Jumpseat 배정 승무원이 점검 책임을 맡는다.

점검 시에는 CRA에 있는 비상장비 점검을 포함해 Light Switch 작동 여부, 보안 스티커 부착 여부 등을 확인한다.

CRA 점검을 완료한 후에는 반드시 객실 사무장에게 이상 유무를 보고해야 한다.

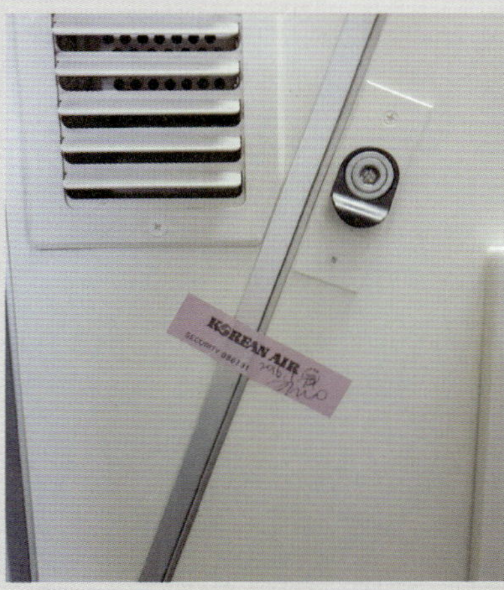

▲ 보안 스티커

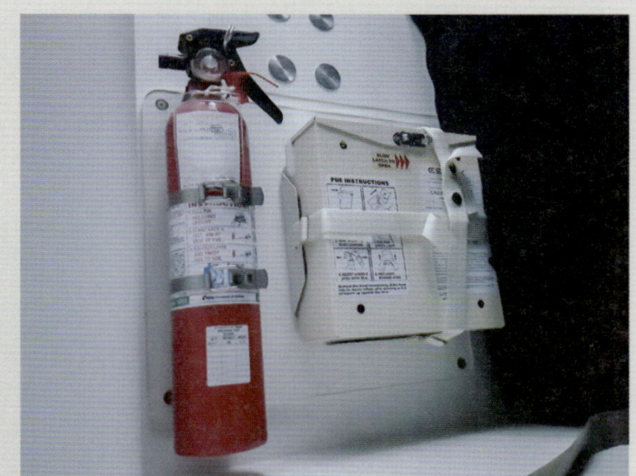

▲ Crew Rest Area 내 비상장비

2) 화장실 점검방법

- Lavatory Door, 벽면 및 천장 주위에 뜯긴 흔적이 있는지 점검한다.
- 화장실 내 Compartment(휴지/화장지 보관함, 세면대 하단, 쓰레기통, 거울 뒷면)를 열어 점검한다.
- 연기감지기(Smoke Detector) 위치, 작동 및 이물질 여부를 점검한다.

▲ 화장실 거울 뒷면

+ Tip

연기감지기(Smoke Detector)

화장실에서 화재가 발생하거나, 담배 등의 연기를 감지했을 때 경고음을 발신함으로써 화재 발생 사실을 조기에 감지하게 하는 장치이며, 항공기 화장실의 천장 쪽에 장착되어 있다.

경고음이 울리면 연기감지기의 경고등이 점등되며 연기가 소멸될 때까지 지속적으로 경보신호가 울린다.

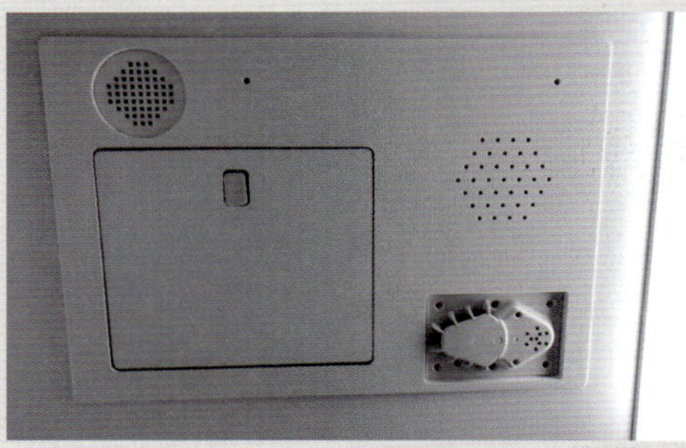

3) Galley 점검방법

- 갤리 내 모든 보관공간(Compartment)을 점검한다.
- Oven, 냉장고, Trash Bin의 내부를 확인한다.
- 기종에 따라 장착되어 있는 Cart Lift(B747, A380) 내부와 Ceiling Compartment를 점검한다.

• 객실 용품이 탑재된 Carry-on Box, Cart의 Seal 봉인 상태를 확인한다.

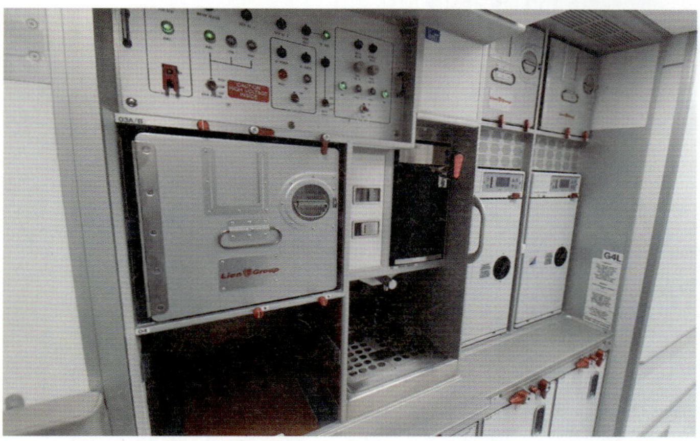

KITTIKUN YOKSAP / Shutterstock.com

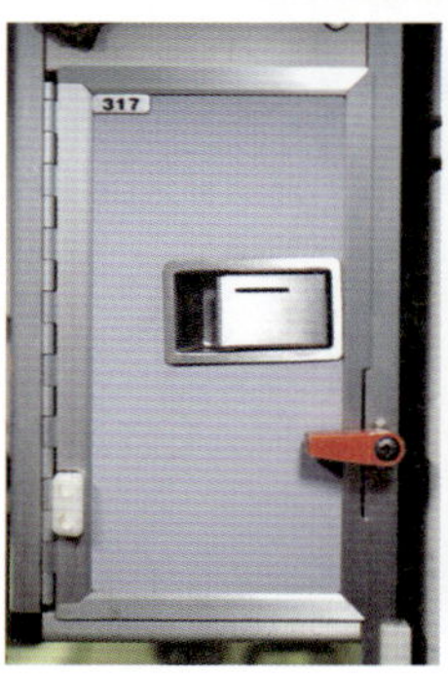

항공기 보안 점검 Checklist

* Date________ * A/C No. HL________ A/C type________ Fight No ________

* Station ________/________ Current Alert Level 3(Yellow) ☐ 2(Orange) ☐ 1(Red) ☐

* Purser: Name ________ Signature ________ Completion Time ________

* PIC: Name ________ Signature ________ Completion Time ________

S: Satisfactory, U: Unsatisfactory

Area		Check Items	S	U
Cabin	Seat	Inside of seat pockets		
		Under the seat cushions and life vests		
		Upside / Under / Between seats		
		Behind headrest		
		Both sidewalls including windows		
		Compartments around seats		
		Sidewall stowage bins		
	Aisle	Inside of all overhead bins		
		Corners near the bulkhead and curtain		
		Floor		
	Jumpseat	Crew jumpseats and life vests		
		Emergency equipment storage		
	Door	Corners near the door		
		Inside of coatrooms		
		Inside of magazine racks		
	CRA	Crew rest area		
Lavatory	Facility	Area around the lavatory door, wall and ceiling		
		Area around the toilet		
	Compartment	Towel containers and tissue dispensers		
		Area under sink		
		Rubbish bins		
		Compartments in the back of mirror		
Galley	Compartment	All storage compartments (Ovens, refrigerators, bars)		
		Ceiling, wall and floor		
		Rubbish bins and towel containers		
		Compartments in the ceiling		
		Inside of cart lift (Elevator)		
	Cart	Carts sealing		

4. 청소 상태 점검

지상 조업원에 의한 청소작업이 완료되면 객실 승무원은 담당 구역별로 기내 청소 작업 상태를 점검해야 하며 청소 상태가 미흡할 경우 객실 사무장에게 즉시 보고한다. 청소 작업 상태가 불량할 경우 조치 후 출발하는 것이 원칙이므로 지상 조업원에게 Re-cleaning을 요청한다.

객실 청소 주요 점검항목

구분	점검항목	Yes	No
Cabin	Cabin Floor는 진공 청소를 했는가		
	Tray Table을 깨끗이 닦았는가		
	Seat는 깨끗이 털었는가		
	Seat Pocket 쓰레기는 완전히 제거했는가		
Galley	Galley Floor는 깨끗이 쓸고 건조했는가		
	쓰레기통은 비워지고 비닐백은 깨끗이 고정했는가		
	Galley Sink는 깨끗이 닦았는가		
Toilet	Toilet Bowl & Cover는 깨끗이 닦고 살균했는가		
	세면대, 거울 등은 깨끗이 닦았는가		
	Floor를 깨끗이 쓸고 살균했는가		
	화장실 비품은 잘 채웠는가		

5. 기내 설비 및 시스템 점검

객실 승무원은 승객 탑승 전에 기내 설비와 시스템을 점검하고 이상 발견 시 즉시 객실 사무장에게 보고하여 적절한 조치가 취해질 수 있도록 해야 한다.

1) Monitor/Screen 점검

Sergei Sokolnikov / Shutterstock.com

▲ Overhead Monitor

▲ Wall Mount Monitor

- 항공기에는 기종에 따라 여러 가지 Screen과 Monitor가 장착되어 있다.
- 비행 전에 객실 승무원은 본인의 담당 구역에 나와 객실에 장착된 Overhead Monitor, Wall Mount Monitor 및 승객 좌석에 장착된 개인용 모니터의 화면상태, 볼륨상태를 확인한다.

- 비상구 좌석 및 Bulk Head Seat에 장착된 Retractable Monitor의 고정 여부를 확인한다.
- 상위클래스의 경우 승객의 탑승 예정 전에 좌석을 대상으로 개인용 IFE 설비의 이상 유무를 확인하고, 일반석의 경우 담당 구역 중 일부 좌석을 선택하여 작동 여부를 확인한다.

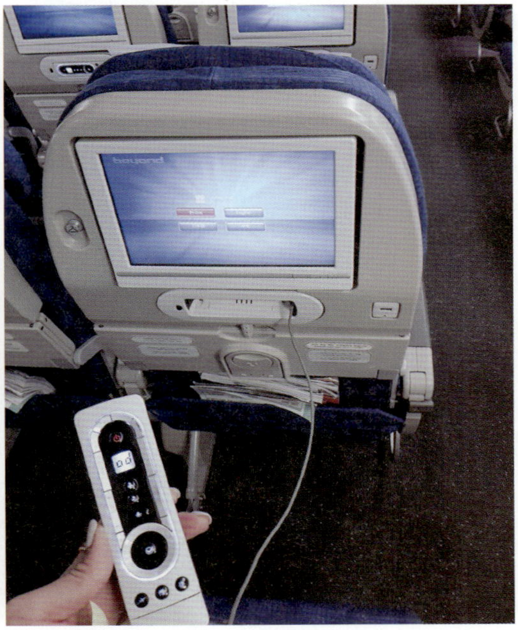

2) Communication 시스템 점검

(1) Public Address 시스템

- PA(Public Address) 시스템은 기내에 설치된 스피커를 통해 승객에게 서비스와 안전에 관련된 안내사항 및 정보를 전달하는 시스템이다.
- Handset의 'Push To Talk' Button을 누른 상태로 말하면 객실에 방송이 실시된다.
- 객실 사무장 및 기내방송 담당 승무원이 비행 전에 객실의 PA(Public Address) 상태를 점검하기 위해 짧은 방송을 실시하고, 나머지 객실 승무원이 이를 Zone별로 Monitoring하여 방송 Volume의 크기 및 이상 유무를 확인한다.

+ Tip

비행 전, 방송 모니터링 방법

PA Test 방송문

승무원 여러분, 기내 음향상태 점검을 위한 PA Test 방송입니다.
이 비행기는 ___________ 까지 가는 ○○ 항공 ___________ 편입니다.

이상입니다. Zone별 모니터링 결과를 알려 주십시오.

① 방송 담당 승무원이 PA Test 방송을 실시한다.

② Zone별로 Monitoring 담당 승무원이 PA 또는 수신호로 Monitoring 결과를 알린다.

(2) Interphone 시스템

- Interphone 시스템은 객실 승무원 간 또는 객실 승무원과 조종실의 운항승무원과의 통신 시스템을 말한다.
- Handset에서 통화하고자 하는 Station의 숫자나 패널을 누르면 해당 Station의 Master Call Display에 Red Light가 켜지고 Hi/Low의 Chime이 울린다.
- 객실 사무장은 비행 전에 Interphone 시스템의 사용 가능 여부를 Random하게 점검한다.

+ Tip

Master Call Display

Master Call Display란 Light와 Chime으로 승객의 호출(Call) 및 승무원 간의 Interphone을 인지할 수 있는 기내 설비를 말한다.

각 Zone별 Galley 및 Jumpseat 부근 천장에 설치되어 있으며, Light의 색상과 Chime으로 Call을 구분할 수 있다.

Light 색상	호출내용
Blue	승객이 좌석에서 승무원을 호출하는 경우
Amber	승객이 화장실에서 승무원을 호출하는 경우
Red	조종실 또는 다른 Station의 승무원이 해당 Station에 호출하는 경우

3) 객실 조명 시스템 점검

기내에는 천장, Aisle, Door, 창 측 등 여러 곳에 조명이 설치되어 있다. 객실 사무장은 Cabin Crew Panel에서 기내에 설치된 조명 시스템을 단계별로 조절하여 이상 유무를 확인한다.

▲ 기내 조명 Full Bright

▲ 기내 조명 Dim

▲ 기내 조명 Night

4) 화장실 설비 점검

(1) 화장실의 종류

- 일반 화장실 : 일반 승객이 사용 가능하며, 일부 화장실에는 기저귀를 교환할 수 있는 '기저귀 교환대'가 설치되어 있다.

▲ 기저귀 교환대

▲ 일반 화장실 내부

▲ 물 내림 장치

- 여성 우선 화장실 : 여성 승객이 사용하기 쉽도록 여성 승객을 배려한 화장실로, 로션류와 함께 Mist가 추가로 비치되어 있다.
- 장애인용 화장실 : 장애 승객이 On-board Wheelchair를 가지고 사용할 수 있는 화장실로, 장애인용 팔 받침대가 부착되어 있으며, 필요시 휠체어가 드나들 수 있도록 열리는 Door가 장착되어 있다.

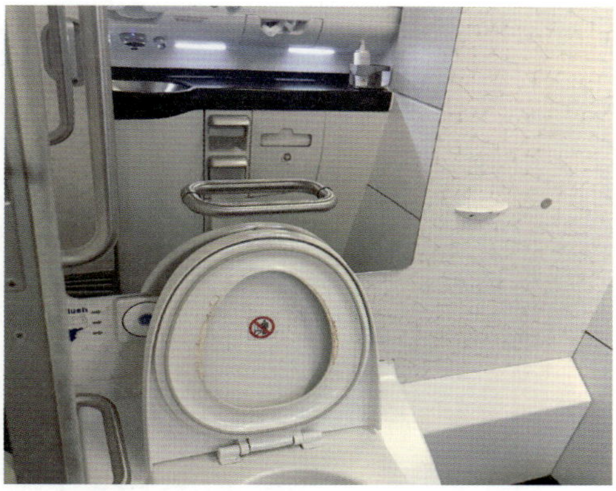

▲ 장애인용 화장실 내부

(2) 점검방법

화장실이 위치한 담당 구역의 객실 승무원은 화장실의 청결상태와 화장실 설비의 정상 작동 여부(Flushing 상태, 물 공급상태, 배수상태 등), 화장실용품/비품(롤페이퍼, 화장지, 액체비누 등)의 탑재 유무를 확인한다.

+ Tip

화장실 점검항목

☑ 세면대와 거울은 깨끗한가?
☑ 변기는 깨끗한가?
☑ 물 내림 장치는 정상적으로 작동하는가?
☑ 바닥에 물기가 있지는 않은가?
☑ 변기 및 쓰레기통 뚜껑은 닫혀 있는가?
☑ 기저귀 교체용 테이블은 깨끗한가?
☑ 화장실 비품은 채워져 있는가?
☑ 화재경보기는 정상적으로 작동하는가?
☑ 악취가 나지는 않는가?

5) Galley 설비 점검

Galley 담당 객실 승무원은 비행 전에 Galley 내 각종 설비가 정상 작동하는지 이상 여부를 점검해야 한다.

(1) 오븐(Oven)

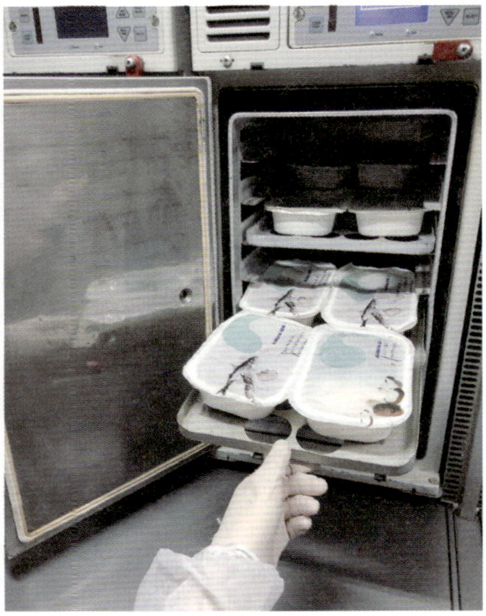

냉동상태로 탑재된 주요리를 데우는 데 쓰이며, 건열오븐과 스팀오븐이 있다. 비행 전에 객실 승무원은 Oven의 전원을 On/Off해 보고 Oven 내부의 환풍구에 이물질이 끼어 있지는 않은지 확인해야 한다.

(2) Warmer

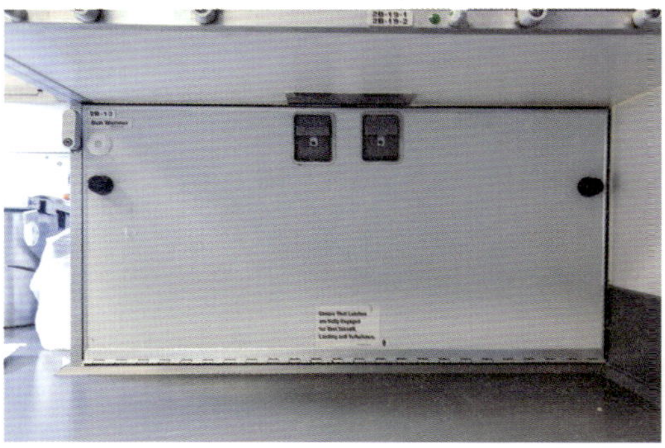

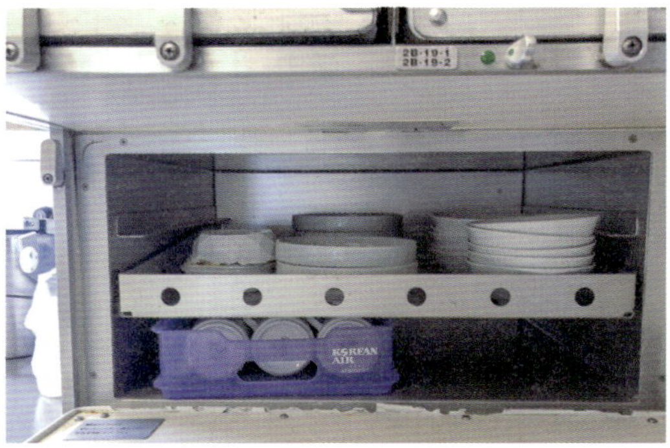

내부의 열을 이용해 내용물을 지속적으로 따뜻하게 유지해 주는 Galley 설비로, 상위클래스에서 주로 Chinaware, 이미 데워진 Towel과 기내식을 따뜻하게 유지하는 용도로 사용한다.

전원을 켜기 전에 반드시 내용물을 확인해야 하며, 무게로 인해 내용물이 쏟아지는 위험을 방지하고자 Warmer의 Door를 닫은 후에는 항상 Latch로 Locking해야 한다. 승객에게 제공하는 용품을 데우는 용도이므로 Warmer의 온도를 확인하여 지나치게 뜨거운 상태가 지속되지 않도록 유의한다.

(3) 커피메이커(Coffee Maker)와 워터보일러(Water Boiler)

▲ Coffee Maker

▲ Water Boiler

- 커피메이커 : 원두커피용 Coffee Pack을 기계 안으로 넣어 원두커피를 Brew하는 Galley 설비이다. 전원 Button, 커피를 내리는 Brew Button, Plate에 열을 발산하여 Pot를 따뜻하게 유지해 주는 Warmer Button으로 구성되어 있다.
- 워터보일러 : 뜨거운 물을 제공하는 설비이다. 전원 Button 및 뜨거운 물의 양을 표시하는 Button 등으로 구성되어 있다.

+ Tip

Air Bleeding

커피메이커와 워터보일러를 사용하기 전에 반드시 실시해야 하는 절차로 설비 내부 호스의 공기를 빼 주는 작업이다.

전원을 켜지 않은 상태에서 기기의 수도꼭지에서 물을 빼내야 하며, 정상적이고 기포가 없는 상태의 물이 연속으로 나올 때까지 충분히 물을 빼 준다.

Air Bleeding을 하지 않은 상태에서 커피메이커나 워터보일러를 사용할 경우, 내부의 공기가 팽창하여 설비가 고장 나거나 뜨거운 물이 튀어 화상을 입을 수 있다.

그러므로 Galley 설비 점검 담당 승무원은 반드시 지상에서 Air Bleeding을 실시한다.

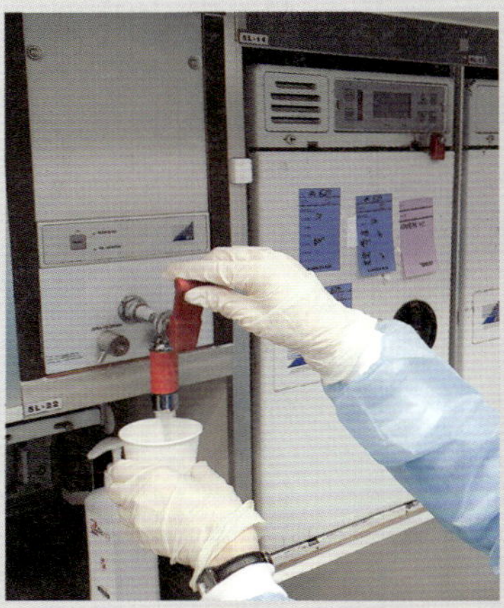

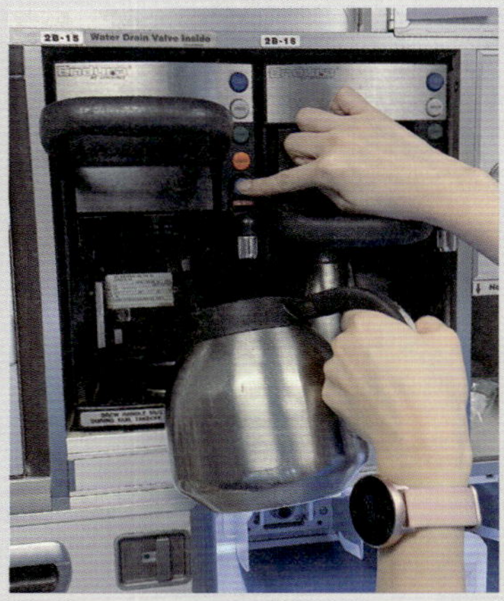

(4) Drain

기내에서 발생하는 오수를 처리하는 설비로 Drain에 버려진 물은 기내의 압력과 외부의 압력 차이를 이용해 항공기 동체 하부를 통해 항공기 외부로 배출된다. 설비 고장을 방지하기

위해 Drain에는 순수한 물만 버려야 하며 항공기가 지상에 주기되어 있는 경우에는 Drain을 사용하지 않는다.

(5) 냉장고(Refrigerator)

기내에 탑재되는 음료를 차갑게 만들고 보관하는 데 사용하는 기내 설비이다. 냉장/냉동(Chill/Freeze) Mode가 있으며, 평상시에는 Chill Mode를 사용해 음료를 Chilling하고, 짧은 시간에 Chilling이 필요할 때에는 Freeze Mode를 사용한다. 기종에 따라 장착되는 위치와 크기, 사양이 다르다.

설비 점검 시 On/Off 스위치와 Mode 변경 스위치를 이용해 이상 유무를 확인한 후 서비스 준비를 위해 각종 음료들을 냉장고에 넣어 Chilling한다.

(6) 쓰레기통(Waste Container)

모든 Galley에는 쓰레기통이 설치되어 있다. 쓰레기통 뚜껑은 사용하지 않을 때에는 항상 닫혀 있어야 하며, 기종에 따라 쓰레기를 압축시킬 수 있는 기능을 지닌 설비(Trash Compactor)가 Galley 내에 장착되어 있다.

+ Tip

Trash Compactor

장시간 비행을 하다 보면 많은 양의 쓰레기가 발생한다.

비행기 내부는 공간이 한정되어 있으므로 객실 승무원은 쓰레기를 처리할 공간을 확보하는 것이 중요하다. 이때 유용하게 사용할 수 있는 설비가 바로 Trash Compactor이다.

Trash Compactor는 압축을 통해 쓰레기의 부피를 줄이는 기내 설비로 플라스틱, 알루미늄 캔, 종이류 등만 넣어 압축시킨다. Trash Compactor 내부에 넣는 Trash Box가 종이이기 때문에 액체류는 버리지 않으며, 와인병이나 유리병은 압축 시 부상의 위험이 있으므로 넣지 않는다.

6) 승객 좌석 설비 점검

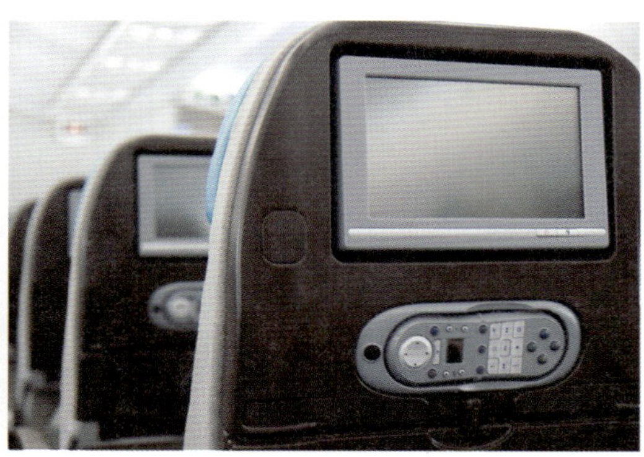

객실 승무원은 담당 구역의 승객 좌석의 이상 유무를 확인한다. 승객의 좌석은 팔 받침대(Armrest), 발 받침대(Footrest), 좌석벨트, 식사 테이블(Tray Table), 좌석 앞주머니(Seat Pocket), 개인용 모니터 등으로 구성되어 있다.

좌석 주변에는 승객이 필요시 점등할 수 있는 독서등(Reading Light)과 좌석벨트/금연 표시등, 승무원 호출 버튼 등이 있으며 이를 PSU(Passenger Service Unit)라고 한다. 또한 개인용 모니터(AVOD: Audio Video On Demand System)와 리모컨이 장착되어 있기도 한데, 시스템의 사양과 작동 방법이 기종에 따라 각각 다르므로 비행 전에 숙지하여 점검 및 사용에 유의해야 한다.

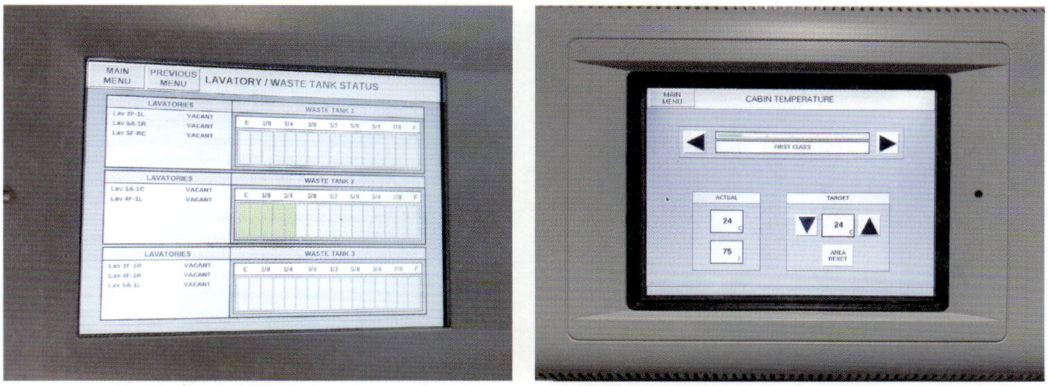

▲ Cabin Control Panel의 모습

이외에도 객실 사무장은 비행하는 동안 사용할 물의 양(Portable Water), 기내온도, 기내 Audio System(Pram, Boarding Music), Video System 등 전반적인 항공기 시스템과 설비의 정상 작동 여부를 점검한다. 만약 객실 내 시스템이나 설비에 이상이 있는 경우에는 기장에게 보고하고, 이상이 있는 부분을 정비사에게 알려서 출발 전 조치를 취해야 한다.

6. 객실 용품 탑재 점검

객실 승무원은 각자 배정된 Duty에 맞는 서비스 준비 업무를 하게 된다. 담당 Duty별로 기내식, 기내 면세품 탑재를 점검하거나 지상 서비스 용품을 배열하고 준비한다.

그중에서도 객실 용품 탑재 점검은 기내 물적 서비스와 직결되는 업무이므로 그 어떤 업무보다 중요하며 정확성을 요구한다. 특히 기내식은 해당 편 승객의 수에 따라 탑재량이 정해지므로 당일 탑승객에게 제공될 적정량의 기내식이 탑재되었는지 정확하게 확인해야 한다.

1) 기내식 탑재 점검

■ Duty Assignment　　* DP - LEE MIN JEONG(0056XXX, SP15/0113TM)

Duty	RANK	TEAM	NAME	J/S	Duty	RANK	TEAM	NAME	J/S	Duty	RANK	TEAM	NAME	J/S
FAL	SS13	0203	이호정	R1	FAG	AP11	0113	김진아	R1	FAR	SS15	0113	정서현	R2
CUL	AP17	0203	최현영	UR1	CUG	PS17	0203	김채현	UL1					
CVL	SS11	0203	이진하	UL2	CVG	AP13	0203	이현아	UR1	CVR	SS11	0203	이예진	UR2
CVM	AP07	0113	김수연	59B						CVS	PS17	0113	이채연	UL3
CWL	SS11	0113	박선영	R5	CWG	PS16	0113	박채린	UL1	CWR	JR13	1008	샤오위	59C
YBL	SD14	0113	김영서	L2	YBG	PS12	0113	김유진	L2	YBR	SS16	0203	이소정	R2
YCL	SS16	0113	김미소	L3	YCG	SS01	0203	민설아	L4	YCR	SS15	0203	이성호	R3
YDL	SS16	0113	이지민	L4	YDG	AP15	0203	박진규	R4	YDR	SS16	0203	조민주	R4
BAR	AP13	0113	한지윤	UR3	DFS	AP17	0113	서영희	L5					

ANN	FAL	ANN Monitoring	FAR, YCR, YDR, CUG
In-flight Sales	YCG	TASER	DP, YBG
Catering Seal CHK	FAG, CVG, YDG	비상구 좌석 BRFG	YBL, YCL, YDL

상기 업무 배정표에서 기내식 탑재를 점검하는 승무원은 Catering Seal CHK 업무를 수행해야 하는 FAG, CVG, YDG Duty 승무원이다. 각 클래스별로 기내식 탑재를 점검하는 승무원이 가장 먼저 해야 하는 업무는 탑재된 객실 용품의 Seal Number를 확인하는 것이다.

객실 용품은 Cart, Carry-on Box 등 항공기 전용 서비스 기물을 이용해 항공기로 운반되는데, 이때 Cart와 Carry-on Box는 보안상의 이유로 모두 Seal로 봉인(Sealing)되어 탑재됨을 원칙으로 한다.

기내식 탑재 점검 객실 승무원은 점검 전에 Cart와 Carry-on Box의 Seal이 훼손되어 있지 않은지 상태를 확인하고, Catering Manager에게 받은 'Seal Number 인수인계서'와 실제 Seal Number를 대조한다. 이때 Number를 대조하는 Seal의 개수는 보안등급을 기준으로 한다.

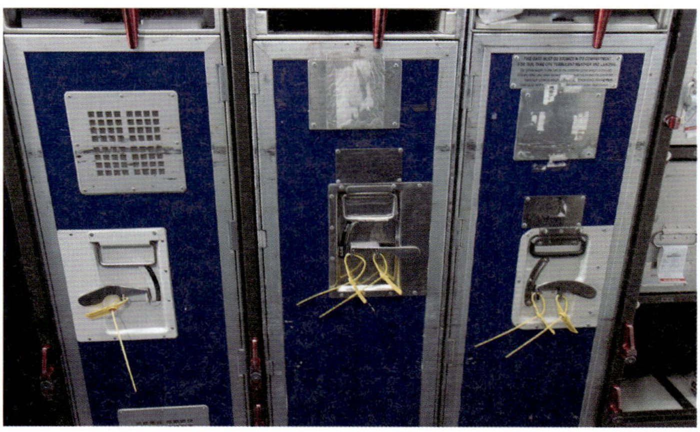

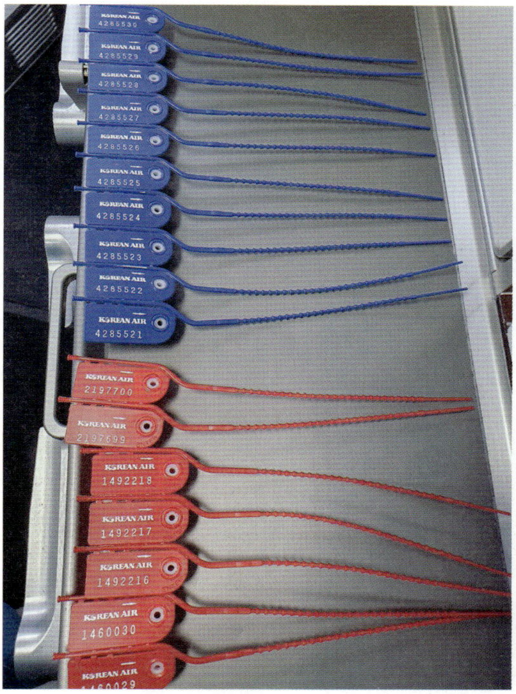

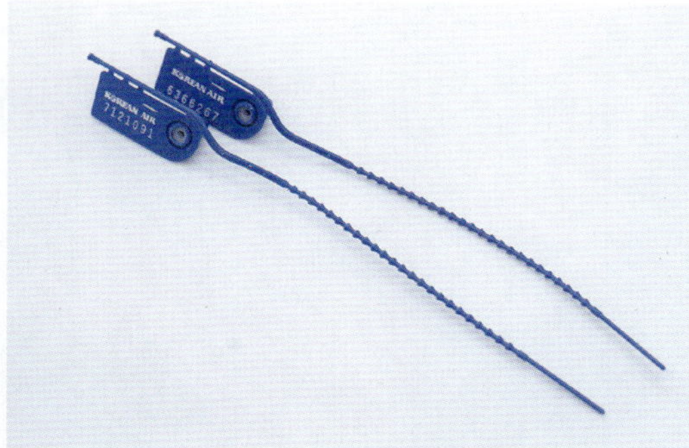

SEAL NUMBER 인수인계서

편명 : KE000 A/C type : 777 HL : 77XX 날짜 : 2021.02.03.

* Check한 Seal 번호에는 동그라미를 쳐서 Check 여부를 표시한다.

기내식		소모품		기물
5374001	1265052	1003315	3513017	7023891
5374002	1265053	1003316	3513018	7023892
5374003	1265054	1003317	3513019	7023893
5374004	1265055	1003318	3513020	7023894
5374005	1265056	1003319	3513021	7023895
5374006	1265057	1003320	3513022	7023896

확인 CATERING MANAGER : ______________ 사무장 : ______________

총 SEAL 수량 : ___125___ 개 점검수량 : ___27___ 개

Seal Number를 확인한 후에 본격적으로 기내식 점검을 실시한다. 기내식은 Main Dish와 Tray가 따로 탑재되는데, Main Dish는 Oven에, Tray는 Cart에 각각 탑재된다.

▲ 기내식 탑재를 점검하는 객실 승무원의 모습

기내식 탑재 점검 객실 승무원은 Oven과 Cart에 탑재된 Main Dish와 Tray의 개수와 상태를 확인한다. 특히 Tray 점검 시에는 개수뿐만 아니라 구성품의 상태와 소스, 유제품류 등의 제조 일자 및 유효기간을 Random 점검방식(약 5%)으로 확인한다.

객실 사무장은 각 Class의 기내식 탑재 점검 객실 승무원으로부터 기내식 최종 탑재 현황을 보고받아 취합한 후, Catering Manager로부터 인계받은 '기내식/객실 용품 인계인수서'의 내역과 실제 탑재 내역의 일치 여부를 확인한다.

특별기내식 점검

1. 특별기내식(Special Meal)

특별기내식이란 건강(각종 질병 및 특정 식품에 대한 알레르기 등), 종교, 연령 등의 이유로 정규 기내식을 드시지 못하는 승객을 위한 기내식이다.

승객 예약 시 승객의 요청에 따라 탑재되며 항공기 출발 24시간 전까지 신청할 수 있다.

객실 승무원은 비행 전 주문 내역을 조회하고 객실 브리핑 시 해당 편에 신청된 특별기내식의 종류와 구성내용, 제공절차를 리뷰한다. 본인의 담당 구역에 특별기내식 신청 승객이 있을 때에는 승객에게 제공할 수 있는 음식과 제공할 수 없는 음식을 정확히 파악해야 한다.

기내식 탑재 점검 담당 승무원은 기내식 탑재 점검 시 특별기내식 탑재 여부를 함께 확인하고 사무장에게 보고한다.

2. 특별기내식의 종류 (IATA 기준 의거)

종교식

메뉴명 서비스 코드	정의 및 메뉴 상세
회교도식 Moslem Meal **MOML**	• 돼지고기를 먹지 않는 이슬람교도(회교도)를 위한 식사로 주로 중동지역, 인도네시아, 말레이시아 승객이 주문한다. • 제공불가 : 알코올, 돼지고기, 햄, 베이컨, 젤라틴 또는 돼지고기 부산물 • 제공가능 : '회교율법'에 따라 준비된 쇠고기, 양고기, 가금류 등
힌두교식 Hindu Meal **HNML**	• 비채식 인도 식사로 쇠고기를 먹지 않는 힌두교도를 위한 식사 • 제공불가 : 쇠고기, 송아지고기, 날생선 및 훈제생선 • 제공가능 : 양고기, 가금류, 조리된 생선류, 해산물, 유제품

메뉴명 서비스 코드	정의 및 메뉴 상세
유대교식 Kosher Meal **KSML**	• 유대정교 신봉자를 위한 식사 • 유대교 율법에 따라 고유의 전통의식을 치른 후 조리된 음식 제공(닭고기나 생선이 주가 되며 Matzo라는 건빵이 쓰인다.) • 식기는 한 번 사용한 것을 재사용할 수 없으므로 일회용 기물을 이용하고 종이상자에 식사가 밀봉된 상태로 탑재된다. • 승무원이 승객의 확인을 거친 후 식사를 개봉하여 데운 후 제공한다.

유아/아동식

연령에 따른 특별식

<table>
<tr><th>메뉴명
서비스 코드</th><th colspan="2">정의 및 메뉴 상세</th></tr>
<tr><td>유아식
Baby Meal
BBML</td><td colspan="2">• 만 2세 미만의 유아에게 제공
• 유아용 주스와 퓌레상태로 제조된 Ready Made 이유식</td></tr>
<tr><td>유아용 아동식
Child Meal for Infant
ICML</td><td>• 24개월 이하 영유아 중 신체 발육이 빨라 아동식 취식이 가능한 경우에 신청에 따라 제공
• 아동식과 메뉴 구성이 동일</td><td rowspan="2">• 한국 출발편 메뉴 : 불고기 볶음, 치즈 스파게티, BBQ 치킨, 크로켓(단거리- 샌드위치 또는 김밥)
• 해외 출발편 메뉴 : 스파게티, 피자, 핫도그(단거리- 샌드위치 또는 김밥)

* 한국 출발편과 해외 출발편의 메뉴가 다르며 승객이 신청 시 한 가지를 선택함
* 메뉴 구성은 항공사마다 상이함</td></tr>
<tr><td>아동식
Child Meal
CHML</td><td>• 만 2세 이상, 12세 미만의 고객을 위한 어린이 메뉴</td></tr>
</table>

채식

채식주의자를 위한 특별식

메뉴명 서비스 코드	정의 및 메뉴 상세
엄격한 서양 채식 Vegetarian Vegan Meal **VGML**	• 육류, 계란, 우유, 버터 등 동물성 음식류를 먹지 않는 엄격한 채식주의자에게 제공 • 제공불가 : 생선류, 가금류를 포함한 모든 종류의 육류, 동물성 지방, 젤라틴 및 계란, 유제품, 꿀 • 제공가능 : 야채, 신선한 과일, 곡류, 콩류
인도 채식 Vegetarian Hindu Meal **AVML**	• 인도식 채식 • 생선류, 가금류를 포함한 모든 육류와 계란을 사용하지 않고 유제품은 포함된 식사 • 제공불가 : 모든 종류의 생선, 육류, 동물성 지방, 젤라틴, 계란 • 제공가능 : 유제품, 콩류, 신선한 과일

메뉴명 서비스 코드	정의 및 메뉴 상세
엄격한 인도 채식 Vegetarian Jain Meal **VJML**	• 모든 종류의 육류와 계란, 유제품 및 뿌리식품을 사용하지 않는 엄격한 인도식 채식 • 제공불가 : 모든 종류의 생선, 가금류, 육류, 해산물, 계란, 유제품, 마늘, 생강, 파, 감자, 당근, 양파, 무 등의 뿌리식품 • 제공가능 : 야채, 신선한 과일, 곡류, 콩류, 향신료, 시리얼, 두부
서양 채식 Vegetarian Lacto-ovo Meal **VLML**	• 모든 종류의 육류제품은 사용하지 않고 유제품(Lacto)과 계란(Ovo)은 취식 가능한 채식주의자를 위한 식사 • 제공불가 : 생선류, 가금류를 포함한 모든 육류와 동물성 지방, 젤라틴 • 제공가능 : 유제품(우유, 치즈, 요거트), 계란, 콩, 야채, 신선한 과일
동양 채식 Vegetarian Oriental Meal **VOML**	• 동양 채식주의자 식사 • 제공불가 : 생선류, 가금류를 포함한 모든 육류와 계란, 유제품 • 제공가능 : 뿌리식품, 주로 중국식으로 조리한 야채 제공
생야채식 Raw Vegetarian Meal **RVML**	• 생야채 채식주의자에게 제공 • 제공가능 : 순수 생야채, 생과일/생야채 주스 • 제공불가 : 카페인 함유 음료, 보존료/첨가물, 가공식품

식사조절식

건강상 이유로 특별식단이 필요한 승객에게 의학 및 영양학적인 전문지식을 바탕으로 구성된 특별기내식

메뉴명 서비스 코드	정의 및 메뉴 상세
당뇨식 Diabetic Meal **DBML**	• 당뇨병 환자용 식사 • 열량, 단백질, 지방, 당 섭취량을 제한 및 조절한 식사 • 저지방 유제품과 정제되지 않은 곡류가 함유된 빵, Rice 및 시리얼 제품 등 제공 • 튀긴 음식을 제한하고 껍질을 제거한 가금류, 육류 살코기 고섬유질 음식 제공
저자극식 Bland Meal **BLML**	• 소화 기능이 저하된 승객을 위한 식사 • 제공불가: 강한 향신료, 가스를 유발할 수 있는 야채 및 기름기 많은 음식, 카페인 함유 음료 • 제공가능 : 저지방 육류 및 흰살 생선 등
글루텐 제한식 Gluten Intolerant Meal **GFML**	• 글루텐 민감성 환자를 위한 식사 • 식사 재료 내의 글루텐 함유를 엄격히 제한 • 글루텐 함유 식품인 밀, 보리, 호밀, 귀리, 맥아, 견과류를 사용하지 않고 대체식품으로 쌀, 감자, 고구마, 옥수수, 콩 제공 • 두유 및 유제품, 과일, 채소, 육류, 생선, 가금류 제공 가능

메뉴명 서비스 코드	정의 및 메뉴 상세
저열량식 Low Calorie Meal **LCML**	• 칼로리가 제한된 식사를 원하는 비만 환자나 열량 제한이 필요한 승객을 위한 식사 • 한 끼에 400cal 미만의 식사로 구성 • 제공불가 : 튀김 조리법은 사용하지 않고 고지방 소스류, 오일 및 설탕 함유 음식, 디저트류 • 제공가능 : 지방함유량이 적은 육류, 저지방 유제품, 과일 및 채소류 등
저지방식 Low Fat Meal **LFML**	• 관상 심장질환, 고지혈증, 동맥경화증 환자를 위한 식사 • 지방 섭취량과 포화지방 섭취량을 제한한 메뉴(IATA 기준-지방 섭취량 100g당 3g 미만, 포화지방 섭취량 100g당 1.5g 미만으로 제한) • 제공불가 : 콜레스테롤 함량이 높은 고지방 육류, 농축된 육수, 계란 노른자, 갑각류, 어란, 가공 치즈, 햄 및 베이컨류 등 • 제공가능 : 고섬유질 빵과 시리얼, 과일 및 채소류 • 조리 시 튀김, 볶음 대신 굽기 등의 조리법 사용
저염식 Low Salt Meal **LSML**	• 간 질환, 심장병, 신장병, 심혈관 질환자 및 염분이 제한된 식사를 원하는 승객용 식사 (IATA 기준-염분 섭취량 100g당 120mg 이하로 제한) • 훈제류, 염장제품을 사용하지 않으며, 버터나 마가린은 무염 제품을 사용
유당제한식 Low-Lactose Meal **NLML**	• 유제품 알레르기 승객, 유당분해효소의 결핍으로 섭취 시 소화에 이상이 있는 승객을 위한 식사 • 유당을 포함하고 있는 모든 형태의 유제품(우유, 크림, 분유 등)을 엄격하게 제한 • 유제품이 미포함된 육류 및 가금류, 채소류, 두유와 같은 콩음료 제공

기타 특별식

메뉴명 서비스 코드	정의 및 메뉴 상세
해산물식 Seafood Meal **SFML**	• 생선 및 해산물을 주재료로 구성된 식사 • 생선 및 해산물을 주재료로 하며 곡류, 야채류, 과일류 제공
과일식 Fruit Platter Meal **FPML**	• 신선한 과일로 구성된 식사 • 첨가물과 보존료가 제외된 과일로만 구성된 식사

특별기내식 점검 및 서비스 방법

Catering Manager와 일반 기내식의 수량, 특별기내식의 종류 및 수량 상호 확인

↓

객실 사무장에게 탑재내역 보고

↓

SHR상의 특별기내식 신청 내역과 실제 탑재내역 비교 확인

↓

승객 탑승 후, SHR 참고하여 특별기내식 주문 승객에게 주문 내역 확인

▲ 특별기내식 Tray가 담긴 Meal Cart

- 기내식 탑재 담당 객실 승무원은 Catering Manager와 함께 일반 기내식의 수량과 특별기내식의 종류와 수량을 상호 확인한 후 기내식 탑재 내역을 객실 사무장에게 보고한다.
- 객실 사무장은 SHR상의 특별기내식 신청 내역과 실제 탑재 내역을 비교, 확인한다.
- 승객 탑승 후에는 최종 SHR을 참고하여 특별기내식을 신청한 승객에게 주문 내역을 확인한다.

- 확인이 완료되면 Special Meal Tag에 해당 내역을 기입하여 승객 좌석 Headrest Cover 상단과 Meal Tray에 부착한다.
- 기내식 서비스 시 특별기내식은 일반 기내식보다 먼저 제공하며 승객에게 제공할 때에는 반드시 주문 여부를 재확인한다.

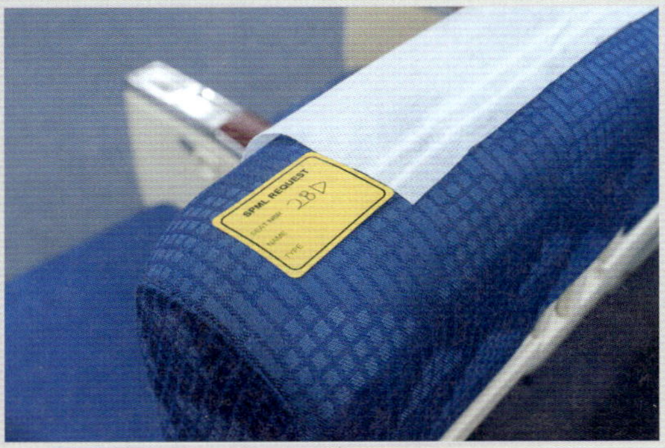

2) 기내 면세품 탑재 점검

국제선 항공기 내에서는 세계 유명 브랜드의 주류, 화장품, 초콜릿, 건강식품 등 다양한 면세품을 판매한다. 면세품 판매는 승객들에게 편의를 제공함과 동시에 항공사의 수익을 올리는 중요한 수단이 된다.

기내 면세품의 가격은 기내 환율에 따르며 자세한 내용은 기내 판매 안내지와 항공사 홈페이지에 소개되어 있다.

■ Duty Assignment * DP - LEE MIN JEONG(0056XXX, SP15/0113TM)

Duty	RANK	TEAM	NAME	J/S	Duty	RANK	TEAM	NAME	J/S	Duty	RANK	TEAM	NAME	J/S
FAL	SS13	0203	이호정	R1	FAG	AP11	0113	김진아	R1	FAR	SS15	0113	정서현	R2
CUL	AP17	0203	최현영	UR1	CUG	PS17	0203	김채현	UL1					
CVL	SS11	0203	이진하	UL2	CVG	AP13	0203	이현아	UR1	CVR	SS11	0203	이예진	UR2
CVM	AP07	0113	김수연	59B						CVS	PS17	0113	이채연	UL3
CWL	SS11	0113	박선영	R5	CWG	PS16	0113	박채린	UL1	CWR	JR13	1008	샤오위	59C
YBL	SD14	0113	김영서	L2	YBG	PS12	0113	김유진	L2	YBR	SS16	0203	이소정	R2
YCL	SS16	0113	김미소	L3	YCG	SS01	0203	민설아	L4	YCR	SS15	0203	이성호	R3
YDL	SS16	0113	이지민	L4	YDG	AP15	0203	박진규	R4	YDR	SS16	0203	조민주	R4
BAR	AP13	0113	한지윤	UR3	DFS	AP17	0113	서영희	L5					

ANN	FAL	ANN Monitoring	FAR, YCR, YDR, CUG
In-flight Sales	YCG	TASER	DP, YBG
Catering Seal CHK	FAG, CVG, YDG	비상구 좌석 BRFG	YBL, YCL, YDL

상기 업무 배정표에서 기내 면세품 판매를 담당하는 승무원은 YCG Duty 승무원이다.

기내 면세품 판매를 담당하는 승무원은 비행 전 면세품 관련 업무 지시사항을 반드시 확인하여 객실 브리핑 중에 전 승무원에게 공유한다.

▲ 면세품 조견표

+ Tip

기내에서 수수하는 화폐와 카드

기내에서 면세품을 구매하는 승객 중 현지의 화폐 사용을 원하는 승객이 다수 있다. 그러나 기내에서는 모든 나라의 화폐를 수수하지 않고 세계적으로 신용도가 높고 환율이 안정적인 나라의 화폐만을 취급하고 있다.

- KRW(원/한국), USD(달러/미국), EUR(유로/유럽연합), JPY(엔/일본), CNY(위안/중국)
- 신용카드(Credit Card)
  - 카드 수수 시에는 KRW(원)과 USD(달러)로만 수수할 수 있으며 한 개의 카드로 1500불 이상 결제가 불가하다.
  - 매출전표(영수증)에 승객의 이름(영문) 및 신용카드의 서명과 동일한 서명이 기재되어야 한다.
- 여행자 수표(Traveler's Check)
  - 해외여행자가 여행 중에 현금 대신 사용하거나 현금으로 교환할 수 있는 수표로 처음 구매 시 서명과 수표를 사용할 때 서명이 같아야 한다.
  - 객실 승무원이 육안으로 서명을 확인하고, 수표의 뒷면에 승객의 인적사항을 기재해야 한다.

기내 면세품 판매 담당 승무원은 항공기에 탑승한 후 가장 먼저 기내 면세품이 담겨 있는 Cart와 Carry-on Box의 Seal Number를 100% 확인한다.

그 후 기내 판매 담당 지상 조업원과 기내 면세품과 기내 판매 보조용품(판매기계, 영수증, 쇼핑백 등)을 점검하는데, 면세품 탑재 리스트에 의거해 탑재된 기내 판매품의 종류와 수량을 정확히 확인해야 한다. 고가의 면세품과 보조용품은 지상 조업원과 Item by Item 방식으로 상호 확인하며 일반 면세품은 Seal to Seal 방식으로 인수인계한다.

▲ 기내 면세품 탑재 모습

면세품 탑재 시점은 비행 준비로 매우 분주하다. 그러나 분실의 위험이 있으므로 기내 면세품 판매 담당 승무원은 기내 면세품, 기내 판매 잔돈 등을 두고 자리를 비워서는 안 되며 책임감을 가지고 기내 면세품과 관련 용품들의 관리를 철저히 하도록 한다.

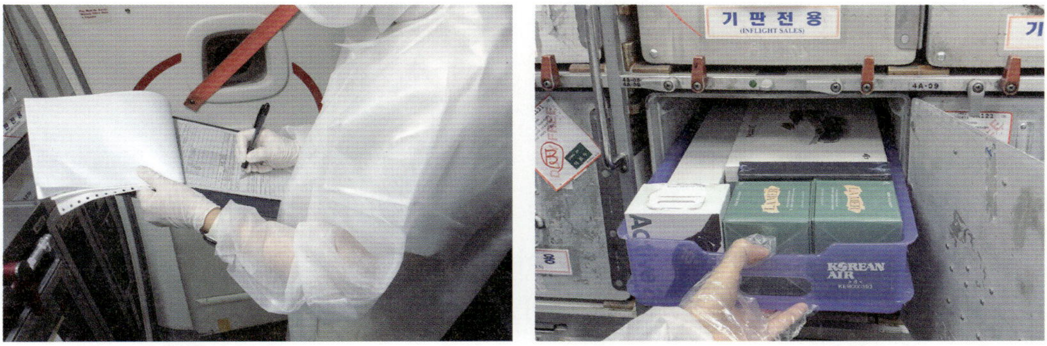

▲ 탑재된 면세품을 점검하는 승무원

▲ 기내 면세품 판매기계

3) 기타 서비스 용품 점검

- 그 외에도 신문, 잡지, 종이컵, 냅킨, Towel, 화장지, 화장실용품, Headphone(Earphone) 등 기타 서비스 용품의 탑재 및 이상 유무를 확인한다.
- 항공사 기념품(어린이용 탑승 기념선물), 그 외 특별 서비스 용품이 탑재되었는지 확인한다.
- 국가별로 필요한 입국서류의 종류를 확인하고 입국서류와 승객 수가 일치하는지, 여유분이 탑재되었는지 확인한다.

객실 용품이 탑재되지 않거나 상태 불량 등 탑재된 용품에 이상이 발견되었을 때에는 각 Class의 서비스를 관장하는 승무원에게 보고하고, 이를 전달받은 객실 사무장은 Catering Manager에게 전달하여 적합한 조치가 이루어질 수 있도록 한다. 객실 용품의 추가 탑재가 필요한 경우, 항공기 정시 출발을 위해 항공기 출발 25분 전까지 주문이 완료되어야 한다.

7. 지상 서비스 준비

장비 점검 및 보안 점검, 객실 용품 탑재 점검이 마무리되면 객실 승무원은 지상에서 서비스되는 서비스 용품을 지상에 배치하고 탑승을 맞이하는 업무를 수행한다.

항공사와 클래스별로 지상 서비스의 내용은 조금씩 다르지만, 장거리 기준으로 Bottled Water, Headphone, 편의용품(Amenity Kit) 등을 기본으로 서비스하며 상위클래스에서는 그 외에 환영 음료와 편의복 등을 서비스하고 있다.

1) 화장실용품

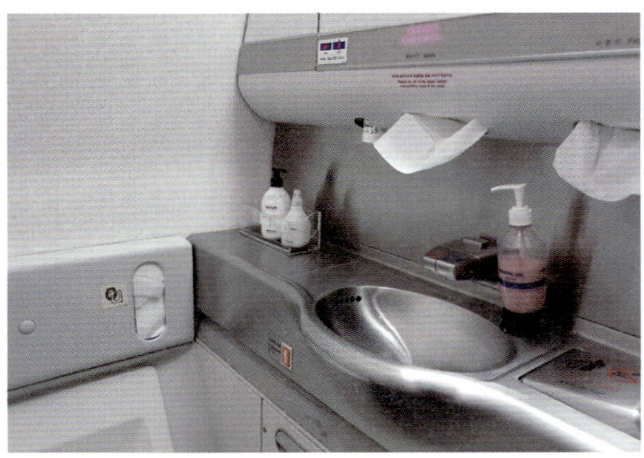

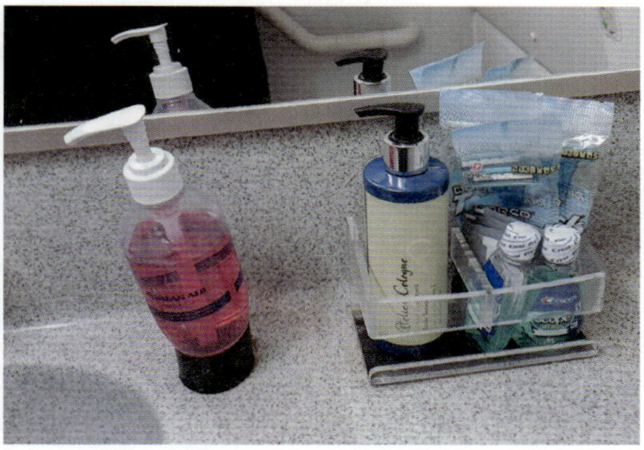

승객의 편의를 위해 화장실에 각종 화장실용품을 홀더에 Setting한다. 일반석의 경우 Lotion, Skin을 비치하고 일부 노선은 칫솔 세트(구강 청정제)를 비치한다. 여성 우선 화장실에는 여성 우선 화장실용품(Body Lotion, Mist)을 추가로 비치한다.

화장실용품은 홀더에 가지런히 정돈하고 비행 중 청결하게 유지되도록 한다.

화장지는 뽑아 쓰기 쉽게 한 장을 반 정도 미리 뽑아 두고, 롤페이퍼 휴지는 끝을 앞으로 하여 삼각 모양으로 접어 둔다. 상위클래스에는 이외에도 Lotion 류, 빗, Shaver & Shaving Cream 등을 Setting한다.

2) Headphone(Earphone)

중·장거리 노선에서는 기내 Entertainment 시스템을 즐기기 위한 편의용품인 Headphone을 제공한다. 승객 탑승 전에 객실 승무원은 승객의 좌석에 Headphone과 Amenity Kit를 미리 Setting한다.

만약 승객이 탑승하기 전 준비시간이 부족해 좌석에 Setting하지 못한 경우, 승객이 90% 탑승을 완료하면 Drawer에 담아 담당 구역별로 서비스한다. 이때 Drawer에는 적정량을 준비하되, 한꺼번에 무리해서 많은 양을 준비하지 않고 2~3회에 걸쳐 서비스할 수 있도록 한다.

지상 안전업무 수행 등의 사유로 Headphone을 지상에서 모두 서비스하지 못했을 경우에는 이륙 후 추가로 서비스한다.

단거리 구간에서는 Earphone을 서비스한다. Earphone은 Drawer에 담아 승객이 직접 가져갈 수 있게 보이는 위치에 Setting한다. Earphone은 Give-away 개념으로 회수하지 않는다.

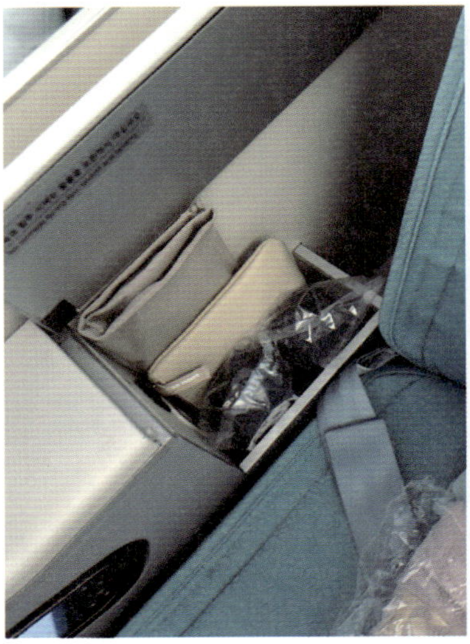

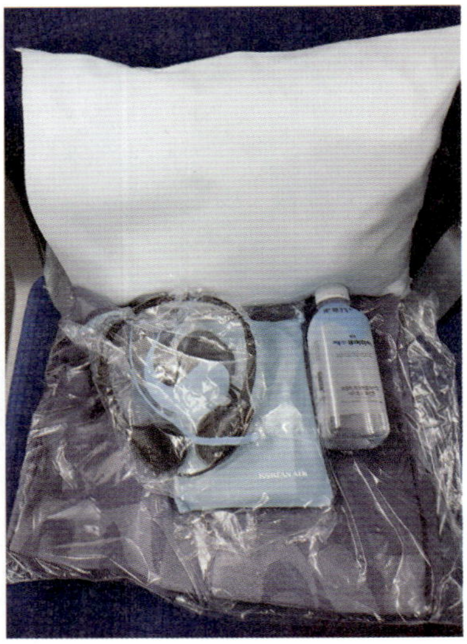

▲ Headphone

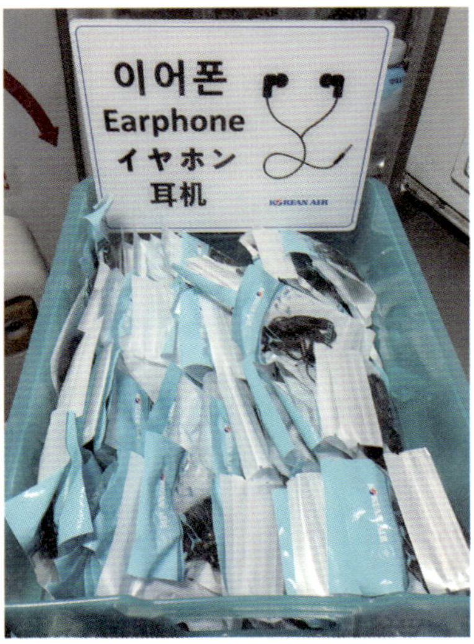

▲ Earphone

+ Tip

Child Headphone

만 2세 이상, 만 12세 미만의 어린이 승객에게는 어린이용 헤드폰을 제공한다. 만 2세 미만 유아의 경우, 보호자의 요청이 있을 때 수량을 확인하여 제공 가능한 경우 서비스한다. 어린이 탑승 기념선물을 제공할 때 같이 서비스하며 사용 후에는 반납해야 함을 안내한다.

8. 승객 탑승 준비

객실 사무장은 승객이 탑승하기 전에 PA를 통해 전 승무원에게 승객 탑승 시작 시간을 알린다. 객실 승무원은 승객 탑승 시작 2~3분 전, 단정하게 유니폼을 착용한 후 담당 Zone에 Stand-by한다. 승객의 짐 보관장소인 Overhead Bin을 모두 열어 두어 승객 탑승 시 비어 있는 Overhead Bin을 쉽게 찾을 수 있도록 한다. 단, 일등석의 경우 Overhead Bin은 닫아 놓고 승객이 탑승하면 개별적으로 열어 드린다.

객실 사무장 또는 부사무장은 Boarding Music을 On한다. Boarding Music은 사전에 Volume 및 음향 상태를 Monitoring하여 기내에 Boarding Music이 선명하고 명확하게 들릴 수 있도록 한다.

▲ 탑승 준비가 끝난 기내의 모습

2 승객 탑승 중 업무

Work During Passengers' Boarding

1. 승객 탑승 시 자세

승객 탑승 전, 객실 승무원은 각자 정해진 구역에서 탑승하는 승객에게 환영 인사를 하기 위해 대기한다. 이때 객실 승무원은 최종적으로 유니폼 착용 상태, Make-up, Hair-do 상태를 확인한다. 손은 배 위에 가지런히 자연스럽게 포개어 얹어 승객을 맞을 준비를 하며, 입가에는 밝은 미소를 띠어 승객들을 환영할 준비 자세를 갖춘다.

1) 승객 응대 시 기본 자세

- 승객을 응대하기 전에 항상 청결하고 단정한 복장을 유지한다.
- 승객 응대 시에는 승객의 기분이나 상황에 맞춘 적절한 표정을 연출한다.
- 승객을 맞이할 때에는 밝은 표정으로 자연스러운 눈맞춤(Eye Contact)을 하며 환영의 인사말을 한다.
- 모든 승객에게 예의 바른 모습을 보이며 표준어, 높임말, 정중한 어휘를 사용하여 공손하게 응대한다.
- 유행어나 은어를 사용하지 않는다.

(1) 밝은 표정

비언어적 표현은 사람 간의 관계 속에서 언어적 표현과 더불어 의미 전달 면에서 큰 역할을 한다. 비언어적 표현에는 눈짓, 태도, 표정 등 여러 가지 요소가 있는데 그 중 표정은 시각적 이미지의 80%를 차지할 만큼 많은 비중을 차지한다.

승객을 응대하는 객실 승무원은 승객에게 호감과 친근감을 줄 수 있어야 하는데, 승객에게 호감을 주는 인상이 바로 미소 짓는 밝은 표정이다. 객실 승무원의 밝은 표정은 승객을 기꺼이 돕겠다는 열정과 의지의 표현이며, 서비스의 가장 기본적인 자세라 할 수 있다.

객실 승무원이 승객에게 주는 좋은 인상은 항공사의 긍정적인 이미지와도 직결된다. 그러므로 승객을 응대할 때에는 항상 밝게 웃는 얼굴을 유지하며 상황에 맞는 표정을 연출해야 한다.

(2) 시선 처리(Eye Contact)

Eye Contact는 상대방의 눈을 바라보며 시선을 일치시키는 것으로 비언어적 표현 중 하나이다. 객실 승무원의 올바른 시선 처리는 승객에 대한 공손함과 서비스에 대한 자신감을 의미한다.

잘못된 시선 처리는 승객으로부터 신뢰감을 잃게 하고 불쾌감을 줄 수 있으므로 객실 승무원은 승객을 향한 올바른 시선 처리를 하여 서비스 신뢰감을 얻을 수 있어야 한다.

▶ 시선 처리 시 유의사항

- 승객의 정면이나 측면에서 고개를 승객 쪽으로 정면이 되게 하여 승객의 눈을 보고 응대한다.
- 시선 위치가 승객보다 매우 높을 경우, 거만한 인상을 줄 수 있다. 객실 승무원이 승객을 응대할 때에는 대부분 승객이 좌석에 착석한 상태이기 때문에 승객과의 거리와 몸의 높이를 조절하여 시선의 위치를 맞춘다.
- 승객의 양 미간과 눈을 번갈아 보면서 시선을 주는 것이 상대방의 입장에서 편안함을 느낄 수 있다.
- 승객을 옆으로 째려보거나 신체 위아래로 시선을 주지 않는다.

+ Tip

눈높이 자세(앉은 눈높이 자세)

- 착석해 있는 승객과 눈높이를 맞추는 공손한 응대 자세
- 승객과 장시간 대화를 나눌 경우, Personal Touch가 필요할 경우, 노약자나 어린이 승객을 응대할 때 등 상황에 따라 눈높이 자세를 취하여 승객을 응대한다.
- 승객의 1열 앞이나 승객의 Armrest 옆쪽 적절한 위치에서 자리를 잡은 후 스커트를 주의하며 승객 응대 방향의 한쪽 무릎을 바닥에 닿도록 한다.
- 손은 공수 자세를 취하여 세운 무릎 위에 가지런히 놓는다.

(3) 마음가짐

- 고객의 Needs 만족은 고객을 감동시키고자 하는 서비스 정신에서 비롯된다.
- 고객 우선의 자세로 고객의 요구에 적극적으로 응한다.
- 항상 따뜻한 마음으로 성의를 갖고 응대한다.
- 친절한 미소와 친근한 인사로 예의 바르게 행동한다.
- 자신감 있는 응대를 위해 평소 업무 지식을 충분히 갖춘다.
- 제공할 수 있는 것만 약속하며 승객과 약속한 사항은 반드시 지키도록 한다.
- 승객의 이야기를 더 많이 듣고, 고객의 감정 상태에 마음으로 공감한다.
- 즐거운 마음으로 고객에게 도움이 되는 작은 친절을 베푼다.
- 항상 승객에게 관심을 기울이고 있음을 보인다.

(4) 대화법

- 표준어, 경어, 정중한 어휘를 사용하여 공손하게 표현한다.
- 전문용어, 불필요한 외국어, 약어 및 평소 자신의 언어 습관은 지양한다.
- 정확한 발음과 적절한 속도, 밝고 긍정적인 톤을 유지한다.
- 항상 밝은 표정과 미소로 대화에 응하도록 한다.
- 승객의 말을 가로채지 말고 끝까지 듣는다.

- 명확하고 부드럽게 진심으로 말한다.
- 승객의 말을 촉구하는 듯한 질문은 하지 않는다.
- 맞장구치는 것은 괜찮으나 바닥을 치거나 무릎을 치는 등 과장된 행동은 삼간다.
- 승객이 말한 사항을 확인하고 반응을 보면서 대화한다.
- 억양이나 속도에 변화를 주고 내용에 따라 띄어 말하도록 한다.
- 금지, 부정, 거절의 표현이나 명령형보다는 의뢰형을 사용한다. 예) '~해 주시겠습니까?', '~해 주시기 바랍니다', '~해 주시면 감사하겠습니다'
- 승객의 요청에 부정적인 답변이나 양해를 구해야 하는 경우, 부드러운 쿠션 언어를 사용한다. 예) '대단히 죄송합니다만' '실례합니다만'

2) 승객 탑승 시 대기 자세

승객 탑승 전, 객실 승무원은 각자 지정된 위치에서 탑승하는 승객에게 환영 인사를 하기 위해 바른 자세로 대기한다. 승객 가시권 내에서 뒷짐을 지거나 좌석, 벽, 카트 등에 기대지 않으며, 승객의 호출이나 요구에 즉시 응대할 수 있도록 담당 구역을 비우지 않는다.

- 얼굴에 미소를 띤 상태에서 턱은 안쪽으로 당기고 시선은 정면을 향한다.
- 목부터 등, 가슴, 허리를 곧게 펴고 어깨에 힘을 빼 자연스러운 자세를 유지한다.
- 남성의 경우, 차렷 자세를 취하며 양팔을 늘어뜨려 손끝이 허벅지 양 옆에 오도록 하며, 손가락은 달걀을 쥔 듯한 느낌으로 자연스럽게 모은다.
- 여성은 손가락을 가지런히 모으고 오른손이 왼손 위에 오도록 자연스럽게 포개어 허리 아래에 위치시킨다(공수 자세).
- 남성의 경우 다리를 반듯하게 붙이고 발끝을 30도가량 벌린다.
- 여성의 경우 무릎을 붙이고 양발의 뒤꿈치를 붙인 채 발끝을 조금 벌려 자연스러운 자세를 유지한다.

2. 승객 탑승 순서 및 환영 인사

승객 탑승 시점은 현지 공항 사정, 승객현황, 기종 및 Flight에 따라 다소 차이가 있다. 그러나 대체로 기내 점검과 객실의 탑승 준비가 완료된 시점에 객실 사무장이 기장 및 운송직원과 협의하여 적절히 조절한 후에 탑승을 시작한다.

객실 사무장은 승객 탑승이 시작되면 주 탑승구에 위치하여 승객 탑승이 원활히 진행될 수 있도록 객실 승무원을 배치하며 안내업무를 지휘한다.

ShutterStockStudio / Shutterstock.com

1) 승객 탑승 순서

직원의 도움이 필요한 승객

(Stretcher 승객, Wheelchair 신청 승객,
UM 승객, 한가족 서비스 신청 승객, 유소아 동반승객, 노약자)

↓

VIP, CIP 승객

↓

일등석 승객

↓

비즈니스석 승객

↓

일반석 승객

(일반석 후방승객 ▶ 전방승객)

2) 환영 인사

객실 승무원이 승객을 가장 처음 대면하는 탑승 시점의 환영 인사는 승객과 객실 승무원과의 우호적 관계를 형성할 수 있는 첫인상의 시작이므로 그 어떤 인사보다 중요하다.

객실 승무원은 승객에 대한 환영과 탑승에 대한 감사한 마음을 담아 모든 승객에게 Eye Contact를 하며 밝은 표정으로 정중하게 환영 인사를 해야 한다.

탑승 환영 인사를 할 때에는 30° 보통례를 실시하며, "안녕하십니까? 어서 오십시오." 등의 인사말을 연속적으로 실시하고, 걸어오는 승객의 보행 속도에 맞춰 승객 개개인에게 인사말을 하는 것이 불가능할 때에는 2~3명에 걸쳐 인사를 한다.

또한 이 시점에 객실 승무원은 승객의 상태와 기분을 읽어야 하는데, 이는 환영 인사가 단순히 인사에만 그치는 것이 아니라, 만일의 문제가 발생할 경우 승객의 탑승 여부를 판단하는 데에도 도움을 주기 때문이다. 환영 인사를 하며 몸이 불편한 승객이 없는지, 다른 승객에게 불편함을 끼치는 승객은 없는지 등 승객의 상태를 함께 살핀다. 그리고 의심이 되는 승객을 발견하는 경우 신속하게 객실 사무장에게 사실을 알려 해당 승객의 탑승 여부를 결정해야 한다.

M101Studio / Shutterstock.com

Sorbis / Shutterstock.com

▲ 탑승구에서 환영 인사를 실시하는 승무원의 모습

+ Tip

주요 환영 인사말

- 안녕하십니까? 어서 오십시오.
- 탑승을 환영합니다.
- 만나 뵙게 되어 반갑습니다.
- 좋은 아침입니다.
- 탑승권을 보여 주시겠습니까?
- 이쪽으로 가십시오.
- 저쪽으로 가십시오.
- 손님 좌석은 건너편 통로 쪽입니다.

3. 승객 탑승 시 확인 및 안내

1) 탑승권 재확인

(1) 탑승권

탑승권은 배나 비행기, 차 등을 탈 수 있음을 인정하는 표를 말하며, 비행기의 탑승권에는 다양한 정보가 표기된다.

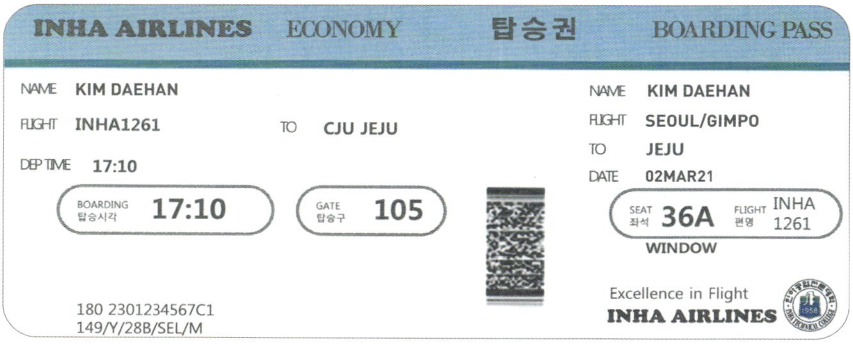

- 승객의 성명
- 출발지와 도착지
- 출발일자
- 좌석번호와 편명
- 그 외 항공사 회원 카드 번호, 탑승 횟수, 마일리지 등

(2) 주 탑승구 승무원

2개의 탑승구를 이용해 탑승하는 경우에 객실 사무장은 전방 탑승구에, 객실 부사무장은 후방 탑승구에 위치하여 환영 인사 및 탑승 안내를 실시한다. 객실 사무장은 주 탑승구에서 함께 환영 인사와 탑승권 확인 업무를 수행할 객실 승무원을 사전에 지정한다.

주 탑승구 객실 승무원은 환영 인사와 함께 승객의 탑승권을 재확인한다. 탑승권을 확인할 때에는 탑승권의 날짜, 편명을 먼저 정확하게 확인하고, 그 이후 좌석번호를 확인하여 통로 방향을 안내한다.

탑승 게이트에서 이미 탑승권을 확인했기 때문에 항공기 탑승구에서 탑승권을 재확인하는 절차에 일부 승객이 불만을 표할 수도 있다. 그러나 승객의 오탑승을 방지하고, 모든 승객의 안전을 위해 반드시 확인해야 함을 정중하게 안내하고 탑승권을 재확인하도록 한다. 만약 승객이 계속해서 탑승권 제시를 거부할 경우, 탑승이 거절될 수도 있다.

- 탑승권 확인 중 승객에게 탑승권을 받을 때에는 양손을 가지런히 하여 손바닥으로 탑승권을 받는다.
- 좌석 방향을 안내할 때에는 손가락을 모으고 손 전체로 좌석 방향을 가리킨다. 이때 손을 펴는 각도로 거리감을 표현한다(가까운 곳은 팔을 조금만 뻗고, 먼 곳은 팔을 멀리 뻗는다).
- 탑승권을 되돌려 드릴 때는 승객 쪽에서 볼 때 탑승권의 방향을 바르게 하여 왼손으로 오른손을 받치고 공손하게 드린다.

+ Tip

탑승권 재확인 대화문 예시

- 탑승권을 보여 주시겠습니까?
- 안전 및 보안상의 이유로 탑승권을 재확인하고 있습니다. 협조 부탁드립니다.
- 손님, 35A는 (방향을 가리키며) 이쪽으로 들어가십시오.

Q&A

빠른 속도로 탑승하는 승객들의 탑승권 날짜와 편명을 어떻게 일일이 확인할 수 있나요?

탑승권의 날짜와 편명을 확인하는 일은 항공기의 보안과 승객의 안전을 위한 가장 중요한 업무입니다.

아무리 급한 승객이라 할지라도 승무원에게 탑승권을 보여 주시지 않으면 탑승이 거절될 수 있습니다. 승객이 협조해 주시는 만큼 객실 승무원도 신속하고 정확하게 탑승권의 날짜와 편명을 확인해야 합니다.

처음 탑승권 점검 업무를 할 때는 어려움이 많았습니다. 승객분들에게 일일이 인사도 해야 하고, 탑승권도 확인해야 하고, 좌석으로 들어가는 통로의 방향도 안내해야 하니, 정말 몸이 두 개여도 모자랄 지경이었습니다.

탑승구 바깥으로 승객들이 길게 줄을 서 계시면 다 제 탓인 것만 같았답니다. 탑승 인사에 너무 집중한 나머지 탑승이 끝나면 진이 빠져 비행이 모두 끝난 느낌이 들 정도였습니다. 여유롭게 승객과 대화하면서 탑승권을 확인하는 선배님의 모습이 존경스럽기만 했습니다.

그런데 정말 신기하게도 탑승권 확인 업무를 하면 할수록 점점 확인 실력이 향상됩니다. 탑승권의 많은 글씨 중에서 날짜와 편명 부분만 눈에 쏙 들어오게 된답니다. 이제는 노하우도 생겨서 승객의 탑승 속도가 너무 빠르다 싶으면 적절하게 조절을 하기도 하고, 탑승하는 승객에게 대화도 건넨답니다.

그리고 최근에는 업무 효율성과 정확도를 높이고자 바코드 스캐너가 도입되었습니다. 탑승권의 바코드 부분을 기기로 스캔하면 정보가 읽혀 자동으로 탑승권의 날짜와 편명이 확인됩니다. 하지만 기기에 이상이 생겼거나 탑승권의 바코드가 없어 스캔이 되지 않을 때에는 육안으로 탑승권의 날짜와 편명을 정확히 확인해야 합니다.

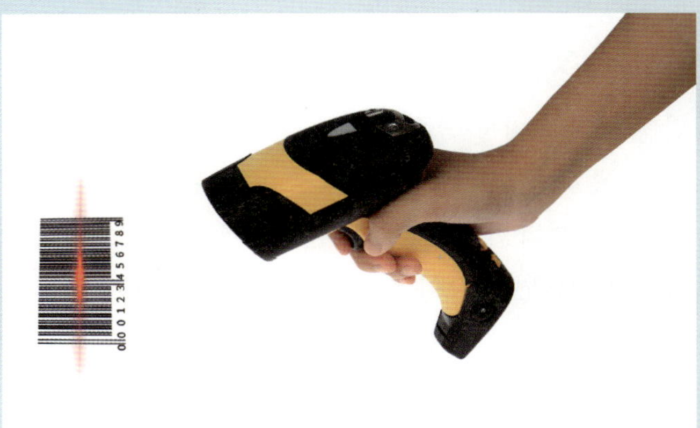

2) 좌석 안내

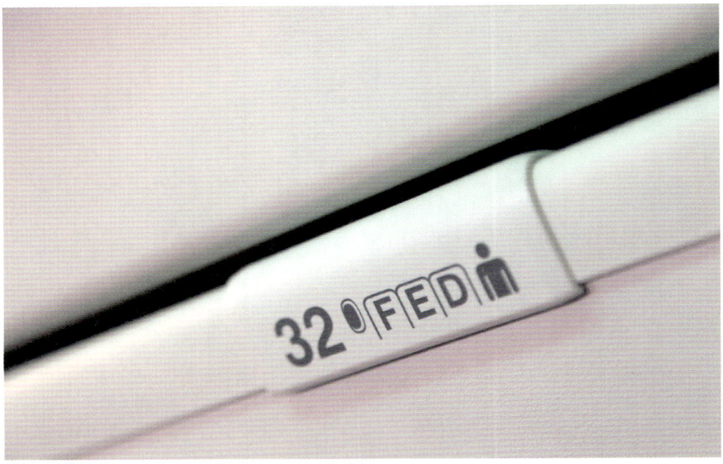

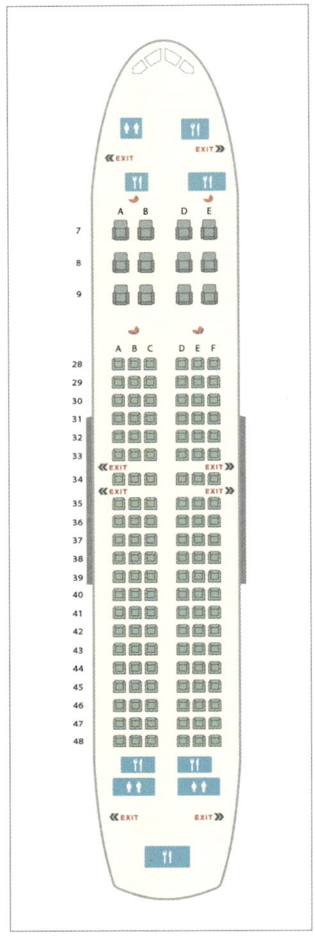

승객의 좌석은 가로 열(Row) 형태로, 한 열의 좌석은 왼쪽에서부터 오른쪽 창 측까지 배치되어 있다. 항공기의 기종에 따라 2-4-2, 3-3-3 등 좌석 배열이 다르며, 좌석의 열은 숫자로, 각 좌석은 영문 알파벳으로 지정되어 있다.

객실 내에 있는 승무원은 담당 구역의 비상구 주변을 기본으로 대기하고, 승객이 도움을 필요로 할 때 즉시 응대할 수 있도록 유연하게 이동하면서 승객의 좌석을 안내한다. 좌석에 여유가 있는 경우라도 원칙적으로 승객의 탑승권에 기입된 좌석에 착석하도록 안내한다.

좌석 안내가 신속히 이루어지지 않으면 탑승이 지연되어 항공기 정시 출발에도 지장을 줄 수 있다. 따라서 객실 승무원은 신속하고 정확하게 좌석을 안내하여 승객이 착석할 수 있도록 도움을 제공해야 한다. 또한 바쁜 시점이지만 친절함을 유지하여 승무원과 승객의 첫 대면에서 좋은 인상이 남을 수 있도록 해야 한다.

Sorbis / Shutterstock.com

+ Tip

승객의 좌석이 중복되었을 때 응대 요령

① 승객의 탑승권을 보고 날짜, 편명, 이름, 좌석번호를 확인한다.
② 좌석 중복으로 확인될 경우, 승객에게 먼저 정중히 사과한다.
③ 나중에 탑승한 승객에게 가까운 승무원 좌석에서 잠시 기다리도록 안내한다.
④ 객실 사무장에게 보고하여 지상 직원으로부터 좌석을 재배정받는다.
⑤ 재배정된 승객을 좌석으로 직접 안내한다.
⑥ 좌석에 여유가 있는 경우에는 나중에 탑승한 승객을 선호 좌석으로 배정한다.
⑦ 이륙 후 좌석 중복으로 인해 불편을 겪은 양쪽 승객 모두에게 협조에 대한 감사의 말을 하고 서비스에 성의를 다한다.

4. 휴대 수하물 보관 및 안내

좌석 안내와 더불어 승객이 휴대 수하물을 적절한 장소에 보관하도록 안내한다. 승객이 기내에 반입하는 휴대 수하물에 대한 운반, 보관 및 관리는 승객이 직접 수행하는 것이 원칙이며, 객실 승무원은 승객이 휴대 수하물을 적절하게 운반, 보관 및 관리할 수 있도록 안내하고 요청한다. 단, 장애인, 임산부, 유·소아 동반 승객, 노약자 승객은 휴대 수하물 운반 및 보관에 도움이 필요하므로 적극적으로 도움을 제공한다.

승객의 기내 휴대 수하물은 인가된 보관장소인 Overhead Bin, Enclosed Coatroom, 전방과 통로 측 방향에 고정장치(Restraint Bar)가 설치된 좌석 하단에 보관할 수 있다.

1) Overhead Bin

항공기 내 승객 좌석의 머리 위쪽에 부착되어 있는 수하물 보관 공간으로 주로 승객의 가벼운 짐이나 옷, 베개, 담요 등을 넣는다. Overhead Bin에는 짐을 수용할 수 있는 최대 허용 무게를 표시하는 Placard가 부착되어 있으며 허용 중량은 Overhead Bin의 크기에 따라 다르다.

항공기에는 대부분 덮개가 있는 형태의 Overhead Bin이 장착되어 있다. B747, B737, A300 등은 선반 덮개를 위로 올려 여는 형태이지만, B777, A380 등과 같은 기종에는 덮개 자체를 위에서 아래로 잡아내려 선반 전체가 함께 아래로 내려와 열리는 형태의 Overhead Bin이 장착되어 있다.

▲ 덮개를 위로 올려 여는 형태

▲ 덮개 아래로 내려 여는 형태

Overhead Bin에 짐을 보관할 때에는 선반을 여닫을 때 떨어지지 않도록 짐을 겹쳐서 넣지 않는다.

Overhead Bin을 열기 전에는 반드시 해당 선반 주변의 승객에게 먼저 양해를 구해야 한다. 양해를 구하지 않고 급작스럽게 다가가 선반을 여는 것은 선반 아래에 있는 승객에게 실례가 되기 때문이다.

Overhead Bin을 열 때에는 한 손을 선반에 올리고 다른 손은 선반을 여닫는 고리 부분을 조금 열어 선반 안에 있는 물건이 떨어지지 않는지 확인한다. 덮개를 위에서 아래로 여는 형태의 선반일 경우, 무게로 인해 급작스럽게 열릴 수 있으니 더욱 주의하며 천천히 연다. 선반을 닫을 때에는 소음이 나지 않도록 조심스럽게 닫고 닫은 후에 다시 한번 선반이 잘 닫혔는지 확인한다.

기내에서 발생하는 부상의 50% 이상이 Overhead Bin에서 떨어지는 물건으로 인해 발생한다. 선반이 제대로 닫히지 않는 경우, 비행기가 흔들리거나 충격을 받을 때 선반이 열려 승객 부상의 위험이 있으므로 항상 선반이 잘 닫혔는지 확인해야 한다.

2) Door가 장착된 코트룸(Enclosed Coatroom)

코트룸은 승객의 편의를 위해 옷걸이를 이용하여 승객의 코트를 걸어서 보관하는 공간이지만, 부피가 너무 크거나 보관공간이 부족할 경우, 객실 안전 규정에 따라 Door가 장착되어 사방이 막혀 있는 코트룸에 보관할 수 있다.

코트룸의 내부는 항상 정돈된 상태를 유지해야 하며, 사용하지 않는 경우나 이착륙 시에는 항상 Door를 닫아 Locking해야 한다.

코트룸에 수하물을 보관할 때에는 옷걸이에 걸린 승객의 의류가 구겨지지 않도록 유의해야 하며, 좌석번호가 기입된 보관표(tag)를 이용하여 보관한다. 되도록 승객이 비행 중 직접 관리할 수 있도록 안내하며, 승객 하기 시에 반드시 전달하여 승객이 수하물을 두고 내리지 않도록 유의한다.

3) 좌석 하단(전방과 통로 쪽 방향에 고정장치가 설치된 좌석의 하단)

승객 좌석 하단에는 휴대 수하물을 고정하기 위해 전방과 통로 쪽 방향에 고정장치(Restraint Bar)가 설치되어 있다. 이 고정장치(Restraint Bar)가 설치되어 있는 좌석 하단에만 휴대 수하물을 보관할 수 있다. 이곳에는 술병처럼 깨지기 쉽거나 무거운 물건 또는 자주 꺼내는 작은 가방을 보관하며, 공간이 넓지 않으므로 수하물의 크기에 유의한다.

객실 승무원은 비상구 주변(Door Side)이나 객실 통로 주변에 승객의 짐이 방치되지 않도록 해야 한다. 또한 규정에 맞지 않거나 정해진 위치에 보관되지 않은 수하물은 비행 중 승객 부상의 원인이 될 수 있으므로 규정에 맞는 휴대 수하물 관리가 중요하다.

만약 승객 탑승 시 규격 기준을 초과하는 기내 휴대 수하물을 발견하는 경우, 해당 승객에게 초과 수하물의 기내 반입이 불가함을 설명하고 운송직원의 도움을 받아 승객의 최종 목적지까지 일반 화물로 보내도록 한다.

4) 수하물 규정

(1) 위탁 수하물(Checked Baggage)

Peter Titmuss / Shutterstock.com

위탁 수하물이란 승객이 탑승 수속 시 항공사에 운송을 맡긴 짐을 말하며, 짐은 보안 검색을 거쳐 항공기의 화물칸(Cargo)에 탑재된다. 항공사는 위탁 수하물을 접수받으면 목적지,

수량, 중량, 승객의 이름이 영어로 기입된 수하물표(Baggage Claim Tag)를 승객에게 발급하며, 승객은 위탁 수하물을 찾을 때까지 수하물표를 보관해야 한다.

▶ 위탁 수하물 제한 품목

위탁 수하물로 운송이 불가하여 승객이 직접 휴대해야 하는 품목

- 파손 또는 손상되기 쉬운 물품(유리병, 도자기, 액자 등)
- 노트북, 카메라, 휴대전화와 같은 고가의 전자기기
- 화폐, 보석, 유가증권, 현금, 견본, 서류 등의 고가품 및 귀중품
- 저용량 리튬배터리 장착 전자기기(배터리 용량이 160Wh 이하인 개인 용도의 휴대용 전자기기 및 보조배터리, 배터리 용량이 100Wh 이하인 전자담배)

(2) 휴대 수하물(Carry-on Baggage)

휴대 수하물이란 항공사에 위탁하지 않고 승객이 기내에 가지고 탑승하는 수하물로, 비행 중 승객이 보관하고 책임진다는 조건으로 기내 반입이 가능하다.

휴대 수하물은 Overhead Bin이나 승객 좌석 하단에 보관해야 하므로 크기와 무게에 제한이 있으며 좌석 등급에 따라서도 무료 허용량이 다르다.

▶ 휴대 수하물 규격

세 변의 합이 115cm(45inch) 이내이고, 가로 40cm, 세로 20cm, 높이 55cm를 초과해서는 안 된다.

▶ 좌석 등급별 휴대 수하물 허용량

좌석 등급	총무게	개수
일등석, 비즈니스석	18kg/40lb	2개
일반석	10kg/22lb	1개 + 휴대용 가방 1개(노트북, 서류 가방, 핸드백 중 1개 추가 반입 가능)

▶ 기내 휴대 제한 품목(Security Removed Item: SRI)

기내 승객과 승무원의 안전과 보안을 위해 칼, 송곳, 공구류, 골프채 등의 품목은 승객이 기내로 휴대할 수 없다. 해당 품목은 위탁 수하물로만 운송이 가능하며, 도착 후 목적지 공항 컨베이어 벨트에서 지상직원이 승객에게 직접 전달한다.

▶ 제한적 기내 반입 가능 품목

양을 제한하여 일정 용량은 기내 반입이 가능한 품목

- 액체류 : 음료, 화장품 등의 액체류 및 젤류 물품(개별 용기당 100ml 이하의 용기에 담아 1L 비닐 지퍼백에 지입, 1인당 1개의 비닐 지퍼백까지 가능)
- 파우더류 : 1인당 12oz 이하의 파우더류 물품(미국 출/도착편, 호주 출발편)
- 의약품 : 여행 중 필요한 개인용 의약품
- 1인당 1개 이하의 라이터 및 안전성냥
- 1인당 2.5kg 이하의 드라이아이스
- 항공사의 승인을 받은 의료용품

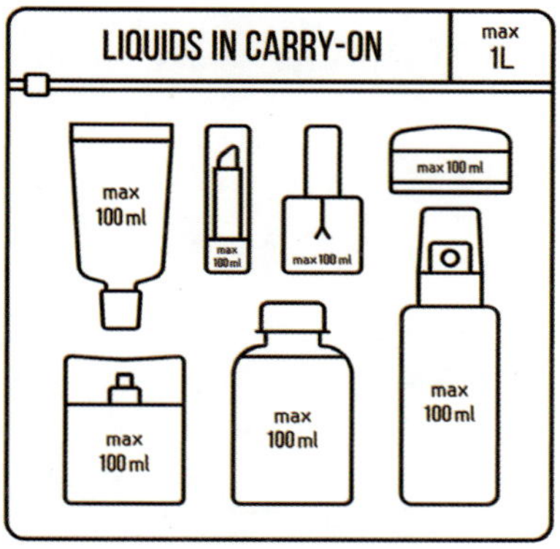

▶ 운송 금지 품목

항공 운항 안전상, 위탁 수하물과 휴대 수하물이 모두 금지된 품목

- 휘발유, 페인트, 라이터용 연료 등 발화성/인화성 물질
- 산소캔, 부탄가스캔 등 고압가스 용기
- 총기, 폭죽 등 무기 및 폭발물 종류
- 소화기, 에어로졸, 락스, 파마약 등 탑승객과 항공기 운항에 위험을 줄 가능성이 있는 물질
- 리튬배터리 장착 전자기기(배터리 용량이 160Wh를 초과하는 리튬배터리가 장착된 전자기기 및 보조배터리-전동 휠체어 등 보행 보조기구는 예외, 리튬배터리가 분리되지 않는 전동 휠, 스마트 가방)

5. 승객 좌석 설비 안내

승객 좌석은 팔 받침대(Armrest), 좌석 등받이(Seat back), 좌석벨트, 식사 테이블(Tray Table), 좌석 주머니(Seat Pocket), 개인용 모니터 등으로 구성되어 있다.

객실 승무원은 좌석 설비의 종류와 사용법을 숙지하여 승객에게 안내할 수 있어야 하며, 좌석 상태를 파악하여 이상이 생긴 경우에는 조치를 취할 수 있어야 한다.

1) 팔 받침대(Armrest)

승객 좌석에 설치된 Armrest는 항공기마다 그 모양이 다르지만 보통 좌석을 뒤로 기울일 수 있는 Recline 조절 Button과 독서등 On/Off Button, 승무원 호출 Button이 부착되어 있다.

Armrest가 위아래로 움직이는 형태인 Movable Armrest와 주로 Bulkhead에 장착되어 위아래 고정이 불가한 고정식 Armrest가 있다.

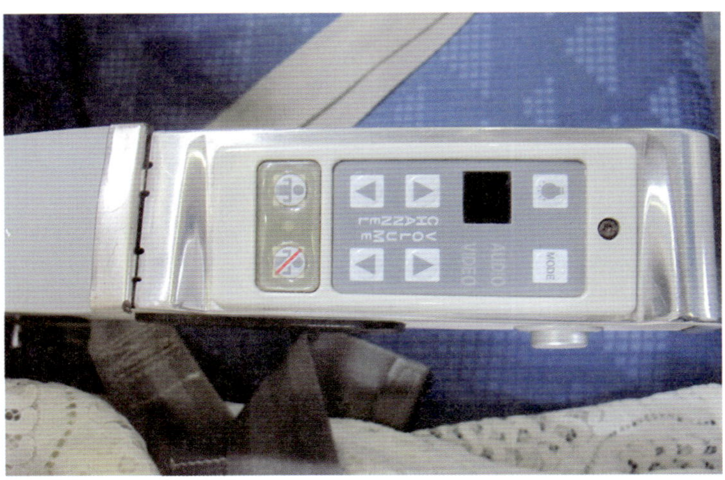

2) 좌석 등받이(Seat Back)

좌석 등받이의 기울기를 조절하는 Button은 Armrest에 있으며, Button을 이용하여 바로 세우거나 뒤로 기울일 수 있다. 일등석이나 비즈니스석은 뒷좌석 침범 없이 약 170~180°까지 좌석 등받이를 젖힐 수 있으나 일반석은 그보다 적은 약 108~120° 정도의 기울기로 젖힌다.

승객은 이착륙 시와 식사 서비스 시를 제외한 비행시간 동안 좌석 등받이를 자유롭게 조절할 수 있다. 일부 기종의 비상구 열 좌석의 앞 좌석의 경우, 비상 탈출 통로 공간 확보를 위해 Recline이 되지 않는 좌석도 있다.

First Class Photography / Shutterstock.com

3) 식사 테이블(Tray Table)

기종마다 조금씩 다르지만, 대부분의 식사 테이블은 좌석 등받이에 장착되어 있다. 아래로 내려서 사용하고 사용하지 않을 때에는 위로 올려 테이블 고리로 고정한다. Bulkhead 좌석이나 일등석, 비즈니스석 좌석의 식사 테이블은 Armrest 안쪽에 장착되어 있다.

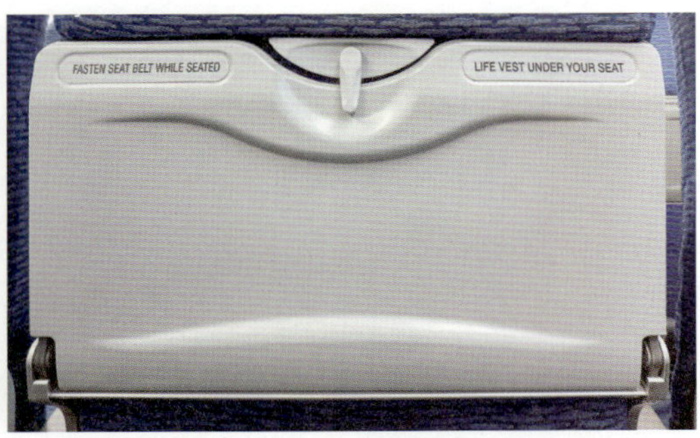

4) 좌석 주머니(Seat Pocket)

승객 좌석 등받이에 장착되어 있으며, 앞 좌석이 없는 좌석이나 일부 좌석은 옆쪽 벽면이나 앞쪽 벽면에 있다. 내부에는 Safety Information Card, 기내잡지, 기타 인쇄물 등이 들어 있으며 Safety Information Card가 가장 앞쪽에 비치되어 있어야 한다.

KITTIKUN YOKSAP / Shutterstock.com

Sorbis / Shutterstock.com

+ Tip

Seat pocket 속의 객실 용품들

- Safety Information Card

- 휴식방해 금지요청 스티커, 기내판매 알림요청 스티커, 식사 알림요청 스티커

- 위생봉투

- 기내잡지

5) 좌석벨트

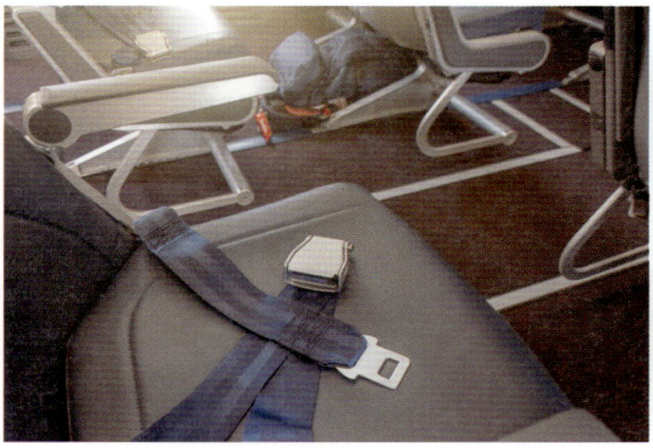

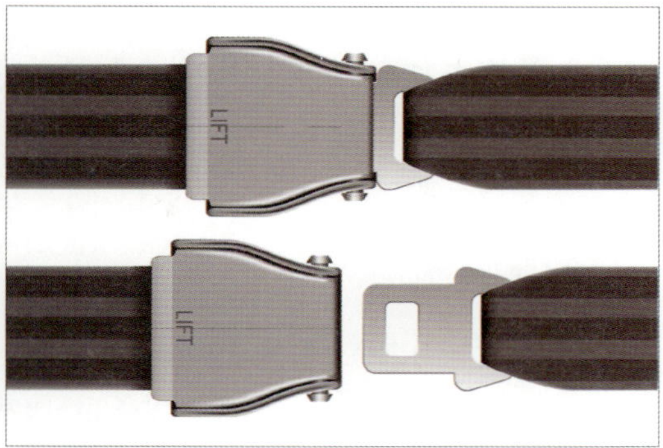

모든 좌석에는 좌석벨트가 장착되어 있다. 벨트를 착용할 때에는 좌석벨트 덮개 안쪽으로 반대쪽 버클을 '찰칵' 소리가 날 때까지 완전히 밀어 넣고 끈을 허리 아래로 조인다. 덮개를 들어 올리면 쉽게 벨트를 풀 수 있다.

처음 좌석벨트를 사용하거나 착용이 익숙하지 않은 승객에게는 좌석벨트 사용법이 다소 어려울 수 있으므로 어린이 승객, 노약자 및 장애인 승객에게는 탑승 시 반드시 착용법을 안내하고 이착륙 시 벨트 착용 상태를 확인한다.

좌석을 점유하지 않는 유아를 동반한 승객의 경우, 보호자가 좌석벨트를 먼저 매고 유아는 보호자의 팔로 감싸 안는다. 또한 승객의 체형으로 인해 장착된 좌석벨트를 매기 어려운 경우, 기내 앞쪽 승무원 좌석 하단에 있는 Extension Belt를 연결하여 사용한다.

6) PSU(Passenger Service Unit)

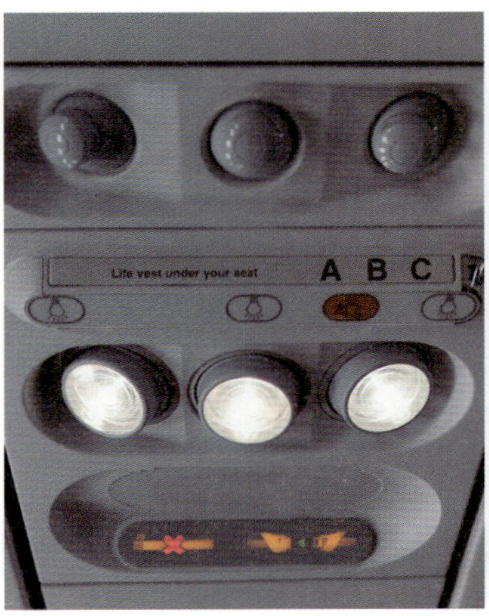

PSU는 승객 좌석 배열당 1~2개가 좌석 상단 천장에 장착되어 있으며, 'No Smoking' Sign과 'Fasten Seatbelt' Sign, 독서등(Reading Light), 승무원 호출 버튼, 환기 장치(Air Ventilation),

산소마스크(내부) 등이 장착되어 있다.

독서등은 승객의 좌석을 각각 비추며 방향을 조절할 수 있다. 승객이 착석한 상태에서는 독서등의 방향을 설정하는 것이 조금 어려우므로 객실 승무원이 적절한 도움을 제공한다. 독서등과 승무원 호출 버튼은 한 번 누르면 켜지고, 다시 한번 누르면 꺼진다.

+ Tip

승무원 호출 버튼 응대 자세

- Master Call Display에 승객 호출 Light가 켜질 경우, 다른 일에 우선하여 해당 승객을 응대한다.
- 승객 좌석번호 및 요청사항은 잊지 않고 메모한다.
- 승객의 요구사항을 끝까지 경청한 후 Call Button을 한 번 더 눌러 리셋한다.

7) AVOD(Audio Video On Demand System)

최근 많은 항공사가 좌석에서 승객이 원하는 기내 오락물(영화, 음악, 단편물, 게임 등)을 직접 선택하고 즐길 수 있는 기내 오락 시스템(Audio Video On Demand System: AVOD)을

도입하여 운영하고 있다.

개인용 모니터는 좌석 등받이나 벽면에 장착되어 있으며, Handset은 모니터 하단 또는 좌석 Armrest에 장착되어 있다.

Handset은 PCU(Passenger Control Unit)로 AVOD 시스템을 조절하는 Button과 승무원 호출 버튼, 독서등 버튼을 포함하고 있다. AVOD 시스템의 사양과 작동 방법은 기종에 따라 각각 다르므로 비행 전에 숙지하여 승객 문의 시 정확히 안내하도록 한다.

8) ISPS(In Seat Power Supply System)

비행 중 노트북 등 휴대용 전자기기에 전원을 공급하는 장치를 말한다. 상위클래스의 경우 전 좌석에 설치되어 있고, 일반석에는 좌석 열 단위에 1~2개가 설치되어 있다. Multi Access Type Connector로 다양한 형태의 전원 어댑터를 사용할 수 있다. 함께 장착된 USB Port는 모바일 기기 충전용으로, 전력이 약해 높은 전력이 필요한 Tablet PC나 노트북은 충전이 불가하다.

ISPS의 사용 가능 시점은 이륙 후 좌석벨트 표시등이 꺼진 후부터 Landing 시점까지이다. 항공기가 출발하기 전에는 사용이 불가하므로 탑승 시 사용을 원하는 승객에게는 적절한 안내가 필요하다.

+ Tip

좌석 설비 관련 승객 문의사항 응대

다음 승객의 문의사항에 적절하게 응대해 보세요.

좌석 설비	승객 문의사항	승무원 응대 및 조치사항
독서등	승무원! 저 책을 좀 읽고 싶은데요. 불 좀 켜주시겠어요?	
	저 좀 쉬고 싶은데 옆 사람이 불을 켜 놓아서 너무 눈이 부시네요. 어떻게 좀 해 주세요.	
	불빛을 조금 더 제 방향으로 오게 할 수 있나요?	
좌석 등받이	이거 어떻게 뒤로 젖히나요?	
	계속 젖히고 있어도 되나요?	
승무원 호출 버튼	이게 뭔가요?	
	실수로 눌렀어요. 어떻게 끄나요?	
	오렌지 주스 한 잔만 가져다 주시겠어요?	
좌석벨트	좌석벨트 착용이 어렵네요. 좀 도와주시겠어요?	
	제 몸이 너무 커서 이 좌석벨트가 짧아요. 어떻게 해야 하죠?	
AVOD System	Headphone은 어디에 꽂나요?	
	소리는 어떻게 크게 해요?	
ISPS	노트북을 충전해야 하는데 기내에 충전할 수 있는 콘센트가 있나요?	
	급한 용무로 출발 전에 핸드폰을 충전해야 하는데 가능한가요?	
식사 테이블	이 테이블은 어떻게 열어요?	
	이 테이블이 잘 닫히지 않는데 좀 도와주시겠어요?	

6. 특수고객(Special Passenger) 지원

항공사는 유소아 동반 승객, 노약자 승객, 장애인 승객 등 세심한 배려와 도움이 필요한 승객에게 예약, 발권, 운송, 객실 등 전 분야에 걸친 특별서비스를 제공한다. 객실 승무원은 특별서비스를 이용하는 승객뿐만 아니라 보호자, 주변 승객들의 편안한 여행을 위해 최선을 다해야 하며, 특별서비스의 종류와 내용을 정확하게 인지하여 약속된 서비스를 철저하게 제공해야 한다.

1) 비동반 소아(Unaccompanied Minor)

비동반 소아는 성인 동반인 없이 혼자 여행하는 만 5세 이상부터 만 12세 미만의 소아를 말한다. 비동반 소아는 혼자 여행을 하는 것에 대해 낯설고 불안을 느끼므로 객실 승무원의 따뜻한 배려가 필요하다.

객실 사무장은 객실 브리핑 시 UM 서비스에 대한 교육을 실시하고, 비행 중에도 UM 승객에게 서비스가 적절하게 제공되는지 수시로 확인 및 감독, 지원한다.

비동반 소아의 옆 좌석에는 여자 승객을 배정하는 것을 원칙으로 한다. 그러나 남아 비동반 소아는 여자 승객 배정이 불가할 경우, 보호자에게 안내한 후에 남자 승객을 배정할 수 있다. 단, 부부 승객의 경우에는 비동반 소아 옆 좌석의 성별에 제한을 두지 않는다.

▶ 탑승 시

- UM 승객은 지상직원의 안내를 받아 탑승하게 된다. 이때 객실 사무장은 UM 승객 관련 여행서류 및 기내반입 휴대 수하물의 개수를 지상직원과 상호 확인한다.

- 담당승무원은 자기소개와 함께 좌석에서 가장 가까운 화장실의 위치와 좌석 설비 사용법(좌석벨트 착용법, AVOD 사용법, Call Button 사용법, 좌석 Recline 방법 등)을 알려 주고, 어린이 탑승 기념선물(Give-away)을 제공한다.
- 적절한 호칭을 사용하며 반말 사용은 지양한다.
- 비행 중 불편한 점이 없는지 수시로 관심을 가지고 돌보며, 하기 시 지상직원에게 인계한다.

2) 보행 장애 승객(Wheelchair 승객)

보행 장애 승객은 스스로 이동이 가능하지만 비상 탈출 등 긴급 사태가 발생했을 때, 타인의 도움 없이는 탈출이 곤란한 승객으로 항공사는 해당 승객의 편안한 여행을 위해 Wheelchair 서비스를 제공한다. 또한 일부 기종의 통로 측 좌석을 우선 배정하는 등 보행 장애 승객의 편안한 항공여행을 위해 세심한 서비스를 제공하고 있다.

기내에는 Wheelchair 승객을 위해 On-board Wheelchair, 장애인용 화장실, Movable Aisle Armrest가 설치되어 있다.

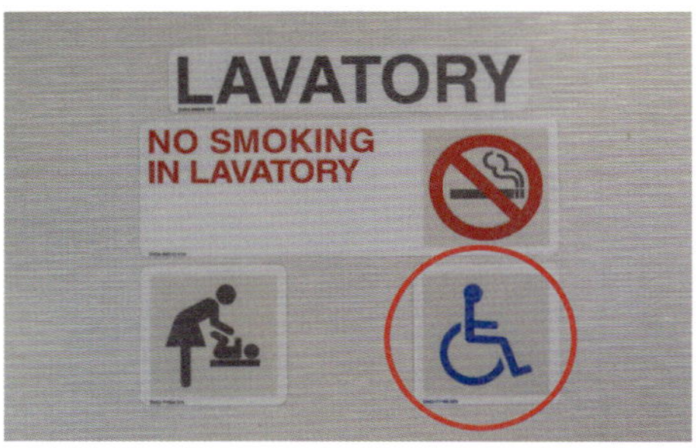

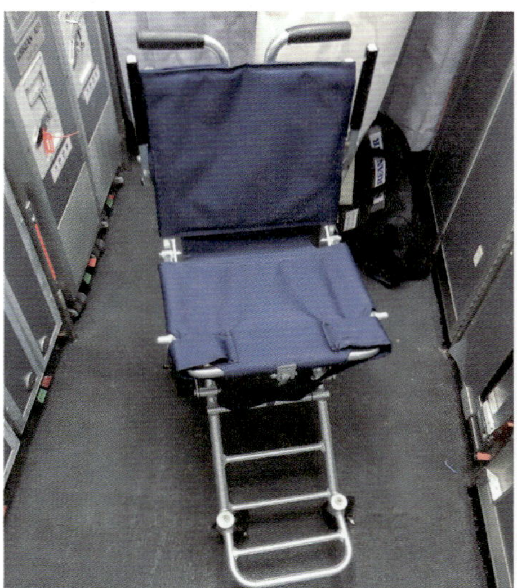

▲ On-board Wheelchair

▲ Movable Aisle Armrest

▶ 탑승 시

- 승객에게 좌석을 안내하고 도움이 필요한 경우 짐을 들어 드린다(승객에게 도움을 드릴 경우, 도움이 필요한지를 반드시 확인해야 한다).
- 담당 승무원은 자기소개와 함께 좌석에서 가장 가까운 화장실의 위치와 장애인용 화장실 위치, 좌석벨트 사용법 등에 대해 안내하고 이착륙 시 좌석벨트 착용 상태를 확인한다.
- 기내에서 이동 시 On-board Wheelchair를 사용할 수 있음을 안내한다.
- 비행 중 불편한 점이 없는지 수시로 확인하고 화장실로의 이동 시 On-board Wheelchair를 사용하여 도움을 제공한다.
- 착륙 전과 하기 시 승무원의 안내가 있을 때까지 자리에서 대기할 수 있도록 안내하며 도착 후에는 지상직원에게 인계한다.

3) 청각장애 승객

성인 동반자가 있는 경우에는 일반 승객과 동일하다고 간주한다. 탑승 시에는 좌석을 안내하고 도움이 필요한 경우, 짐을 들어 드린다.

해당 승객에게 말을 할 때에는 Eye Contact를 유지하고 발음을 확실하게 하되, 목소리를 크게 하는 등 과장되게 표현하지 않도록 주의한다.

항공기 안전 관련 개별 브리핑을 할 때에는 입 모양으로 정확하게 안내해야 하며 기내 설비 사용법 및 기타 필요한 사항을 글이나 그림 등으로 설명한다.

4) 시각장애 승객

성인 동반자가 있는 경우에는 일반 승객과 동일하다고 간주한다. 승객에게 도움을 제공할 때에는 도움을 제공할 준비가 되어 있음을 알리고 도움이 필요한지 확인한다.

지팡이를 짚고 있는 경우에는 반대편에 위치하며 좌석을 안내할 때에는 승객이 승무원의 뒤에서 걷도록 한다. 보행에 도움이 필요한 경우 승객이 승무원의 팔을 잡도록 하며, 신체를 접촉해야 할 경우에는 승객의 머리를 제외한 팔이나 어깨를 만지도록 한다.

기내 설비 사용법 및 화장실 위치 등을 설명하고, 항공기 안전 관련 개별 브리핑은 점자로 된 Safety Information Card 및 언어를 사용하여 실시한다. 비행 중 불편한 점이 없는지 수시로 살피고 착륙 전에 비행 정보를 안내한다. 착륙 후에는 성인 동반자가 없는 경우, 지상직원에게 인계한다.

+ Tip

미국 장애인 차별 금지법

미국의 장애인 차별 금지법에 의거해 장애인 승객을 응대할 때에는 일반 승객이 인지할 정도로 지나친 배려를 해서는 안 된다. 미국의 Station으로 비행을 가는 승무원들은 비행 전 반드시 미국 장애인 차별 금지법과 관련된 유의사항을 숙지해야 한다.

시점별 유의사항

■ **탑승 전**

- 항공기 안전운항에 직접적인 위협을 주지 않는 한 승객에게 의학적 소견서를 요구하거나 탑승을 거절할 수 없다.
- 장애인 승객 탑승 시 운송직원으로부터 승객의 상태 및 요청사항 등의 정보를 확보한다.

■ **탑승 시**

- 가급적 승객 본인에게 직접 말을 건네며 어떠한 도움이 필요한지 파악한다.
- 승객이 요청하지 않은 사항에 대해 자의적으로 판단하여 서비스를 제공하지 않는다.
- 승객의 이동 보조장비와 휴대 수하물은 일반 승객의 수하물보다 우선하여 보관하고 필요시 쉽게 찾을 수 있도록 승객 주변에 두도록 한다.
- 승객이 좌석에 착석한 후에 항공기에 대한 자세한 안내를 실시한다.

■ **이륙 전**

- 승객 안전 브리핑(Safety Demonstration) 내용 중 장애 유형(시각/청각 장애인 등)에 따라 전달받을 수 없는 안전 관련 사항에 대해 개별 브리핑을 실시한다.
- 개별 브리핑 시 주변 승객의 시선을 끌지 않도록 주의하며 이해 여부를 묻지 않는다.
- 시/청각 장애인 승객에게는 'Seatbelt Sign' 시점 및 Signal에 대해 안내한다.

■ **비행 중**

- 불편한 사항이 있지는 않은지 관심을 가지고 응대하되 과도한 관심은 지양한다.
- 기내식, 음료 등 제공 서비스 용품을 안내한 후 Tray Table 위에 놓는다.
- 기내에서 이동하거나 화장실에 갈 경우, 필요한 도움을 제공한다.

- 시/청각 장애인 승객에게는 서비스 순서, 기내식 내용물 확인, 도착지 날씨, 지연사항, 비정상 상황 등 안전 및 서비스 관련 정보를 제공한다.

■ **하기 시**
- 장애인 승객의 이동 보조장비 및 수하물 반환을 위한 도움을 제공한다.
- 일반 승객 하기 후 혼자 방치하지 않는다.
- 신속한 이동을 돕기 위해 등에 업거나 들어 옮기지 않는다.
- 장애인 승객이 불만을 제기하는 경우, 공항의 CRO(Complaint Resolution Official)에게 인계하고 관련 내용을 Report한다.

5) 유아 동반 승객

만 2살 미만의 유아를 동반한 승객의 경우, 객실 승무원의 도움이 많이 필요하다. 유아에게 필요한 여러 개의 짐을 가지고 탑승하기 때문에 탑승 시부터 적극적으로 도움을 제공할 수 있도록 한다.

▶ 탑승 시

- 담당 객실 승무원은 환영 인사를 드리며, 승객이 요청하는 경우에는 쓰레기를 처리할 수 있는 Plastic Bag과 물티슈 등을 제공한다.
- 자기소개와 함께 보호자가 요청하면 언제든지 도움을 제공할 준비가 되어 있음을 안내하고, 진심이 담긴 서비스로 보호자와 아기가 기내 환경에 익숙해질 수 있도록 한다.
- 기내 설비 사용법 및 가장 가까운 화장실의 위치와 기저귀 교환대가 설치된 화장실의 위치를 안내한다.
- SHR을 보고 Baby Bassinet을 신청하셨는지 확인하고 신청하신 경우 이륙 후 설치해 드림을 안내한다.
- 비행 중 불편한 점이 없는지 수시로 관심을 가지고 협조한다.

+ Tip

Baby Bassinet

기내에 설치하는 유아용 침대로 국제선 노선에서만 제공한다.

객실 사무장과 객실 부사무장은 승객 탑승 전에 Bassinet의 탑재 유무를 반드시 확인한다.

SHR에 'BSCT'로 표기되며, 신청 승객에게 Bassinet 신청 여부를 확인할 때에는 Load Limit를 초과하지 않는지 유아의 신체 사이즈를 함께 확인해야 한다.

■ **Load Limit**

- 몸무게 : 11kg(24lb) 미만
- 키 : 75cm(29.5inch, 2.5ft) 미만

신체 사이즈가 Load Limit를 초과하는 경우 낙상의 위험이 있으므로 보호자에게 Bassinet 제공이 불가함을 완곡히 안내한다.

이륙 후 Bassinet을 설치하며, Bassinet의 철제 Plug는 안전덮개로 반드시 감싼 후 철제 Plug에 유아가 부딪히지 않도록 보호자에게 미리 안내한다.

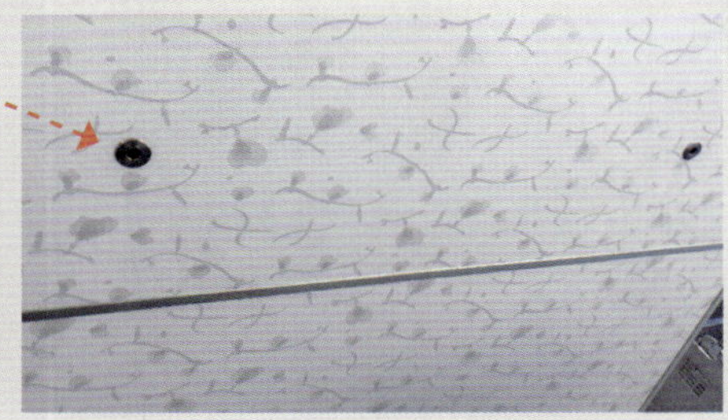

▲ Bassinet 장착 가능 좌석

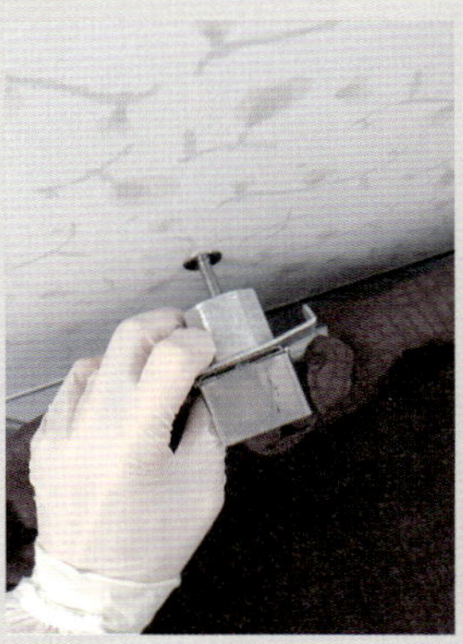

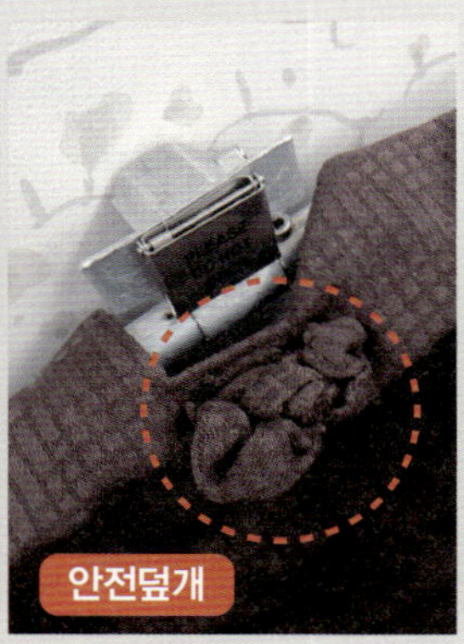

▲ 장착이 완료된 Bassinet의 모습

Q&A

비행 중 아이가 계속해서 울면 어떻게 하나요?

비행기에 탑승하는 유·소아 승객은 모두 천사랍니다.

강도 높은 비행 업무로 인해 지치고 힘들다가도 방긋방긋 웃는 해맑은 아이의 얼굴을 보면 피로가 사르르 녹기 때문입니다.

하지만 다소 낯선 기내 환경과 긴 비행시간으로 인해 아이는 점점 답답해하고 그 이외의 여러 가지 이유로 울기 시작합니다. 사실 아이가 우는 상황은 빈번히 발생한답니다. 보통은 보호자가 달랠 수 있지만, 보호자도 달랠 수 없는 상태라면 객실 승무원이 적극적으로 도움을 제공해야 합니다.

우선 보호자에게 도와드리겠다고 말씀드린 후에 보호자와 함께 아이가 왜 우는지 원인을 파악합니다. 예를 들어 기저귀가 젖었다면 기저귀 교환대가 설치된 화장실로 안내하고, 기내가 답답하여 안아 달라고 운다면 보호자가 안고 기내를 산책할 수 있도록 도움을 제공합니다. 또 어린이용 탑승 기념선물이나 AVOD 내의 유아용 비디오를 틀어 관심과 시선을 끄는 것도 좋은 방법이 될 수 있습니다. 그리고 주변에 계신 승객들에게 양해를 구하고 Ear Plug를 제공하는 등 세심한 배려도 잊지 말아야 합니다.

하지만 이러한 노력에도 불구하고 계속해서 아이가 운다면 주변 승객의 휴식을 위해 보호자와 아이를 객실 후방이나 Galley로 안내해서 아이를 달랠 수 있도록 합니다.

이유 없이 우는 아이는 없답니다. 10시간이 넘는 긴 비행시간 동안 가만히만 있어야 하는 비행기는 아이에게 매우 답답한 공간입니다. 이러한 아이의 마음을 이해하고, 보호자를 도와 여러 가지 방법으로 달래 준다면 아이는 금방 울음을 그치고 다시 즐겁게 여행할 수 있답니다.

6) 한가족 서비스 승객(Family Care Service)

장거리 구간에서 항공여행에 익숙하지 않은 만 70세 이상의 승객이나 유소아 2명 이상을 동반한 승객을 위한 Special Care 서비스이다. 객실, 예약, 발권, 운송 전 분야에 걸쳐 도움을 드리며 기내에서는 탑승 시점부터 하기 시까지 승객 특성에 맞춰 서비스를 제공한다.

▶ 대상 승객

- 보호자 없이 여행하는 만 70세 이상 승객
- 7세 미만의 유·소아를 2명 이상 동반한 1인 승객

▶ 탑승 시

- 좌석을 안내하고 도움이 필요한 경우 짐을 들어 드린다.
- 자기소개와 함께 화장실의 위치와 좌석 설비 사용법 등을 설명한다.
- 그 외 Special Request 사항이 있는지 확인한다.

- 비행 전반에 걸쳐 불편한 사항은 없는지 세심한 관심을 기울이며 입국서류 작성 등의 도움을 제공한다.
- 하기 시 지상직원에게 인계한다.

7) 기내반입 반려동물

최근 항공여행의 대중화와 반려동물을 키우는 사람이 증가함에 따라, 많은 승객이 반려동물과 함께 비행기를 이용하여 여행을 하고 있다.

국내 항공사는 생후 8주 이상의 개, 고양이, 애완용 새에 한하여 승객 1인당 1마리의 반려동물을 기내에 반입할 수 있도록 허용하고 있다(새 한 쌍, 6개월 미만의 개, 고양이의 경우 두 마리까지 하나의 운송 용기에 넣어 반입 가능). 그러나 목적지 국가 또는 운항 기종에 따라 운송 제한이 있거나 검역과 관련해 제출해야 하는 서류가 있을 수 있으므로, 여행 전에 반드시 승객이 직접 서비스 센터를 통해 확인하도록 해야 한다.

기내에 반입되는 반려동물은 반드시 운송 용기(Cage) 안에 있어야 하며 운송용기는 좌석 하단에만 보관할 수 있다. 운송 용기의 크기는 가로, 세로, 높이의 합이 115cm(45inch) 이하여야 하며, 승객 좌석 하단에 보관하기 위해 높이의 제한이 있다(딱딱한 재질의 Cage는 20cm 이내, 부드러운 재질의 Cage는 26cm 이내).

기내에서 반려동물은 꺼내거나 안고 갈 수 없으며 운송 용기 또한 좌석 위에 올려놓을 수 없다. 이는 모든 승객이 편안한 여행을 즐길 수 있는 쾌적한 기내 환경 조성을 위한 규정이므로 객실 승무원은 수시로 기내를 순회하며 반려동물과 함께 여행하는 승객과 그 주변의 승객에게까지 관심을 가지고 세심하게 배려해야 한다.

+ Tip

특수고객의 서비스 코드

Service Code	설명
UMNR	비동반 소아
WCHR	WCHC(Wheelchair for Cabin) 기내 좌석까지 Wheelchair가 필요한 승객
	WCHR(Wheelchair for Ramp) 탑승구까지 Wheelchair가 필요한 승객
	WCHS(Wheelchair for Steps) 계단 이용 시 Wheelchair가 필요한 승객
	WCOB(Wheelchair for On-Board) 객실 안까지 Wheelchair가 필요하며 기내에서 Wheelchair 없이 좌석에서 화장실로의 이동이 불가한 경우
DEAF	청각장애 승객
BLND	시각장애 승객
FMLY	한가족 서비스 승객
BSCT	유아용 요람 신청 승객
PETC	기내에 반입된 반려동물
AVIH	화물칸에 반입된 반려동물

3 승객 탑승 후 업무

Work After Passengers on Board

1. 비상구 열 좌석 브리핑

1) 비상구 열 좌석

항공기의 비상구 열 좌석이란 통로를 거치거나 장애물을 우회함이 없이 곧바로 비상구로 접근할 수 있는 승객 좌석으로, 비상구 창 측 좌석에서부터 통로까지의 좌석 열을 말한다.

비상구 열 좌석에 착석하는 승객은 비상시 승무원을 도울 수 있어야 하므로 항공사마다 내부 규정을 두어 제한하여 배정한다. 비상구 열 좌석에 착석 가능한 승객은 비상 탈출을 위한 활동성 및 체력을 기본으로 갖추어야 한다. 15세 미만의 승객이나 시력, 청력이 좋지 않은 승객 및 다른 승객에게 도움을 줄 수 있는 능력이 부족한 승객은 비상구 열 좌석에 착석이 불가하다.

▶ 비상구 열 좌석 착석 승객의 임무

- 승무원의 Shouting 또는 수신호 숙지
- 비상구 외부 상황 파악
- 비상구 확인 및 개방
- 비상구 주변 장애물 제거
- 안전한 비상 통로로 신속히 탈출
- 슬라이드 팽창 확인 및 안정 유지
- 내려오는 승객 보조 및 대피 지시

탑승 수속 카운터에서 승객이 항공권을 발권할 때 운송직원이 비상구 열 좌석을 배정받은 승객에게 배정 사유와 관련 규정을 설명한다.

항공기 탑승 후에는 객실 승무원이 비상구 열 좌석에 착석한 승객의 적정성 여부를 확인하고 협력 의사 여부를 재확인해야 한다.

2) 비상구 열 좌석 브리핑

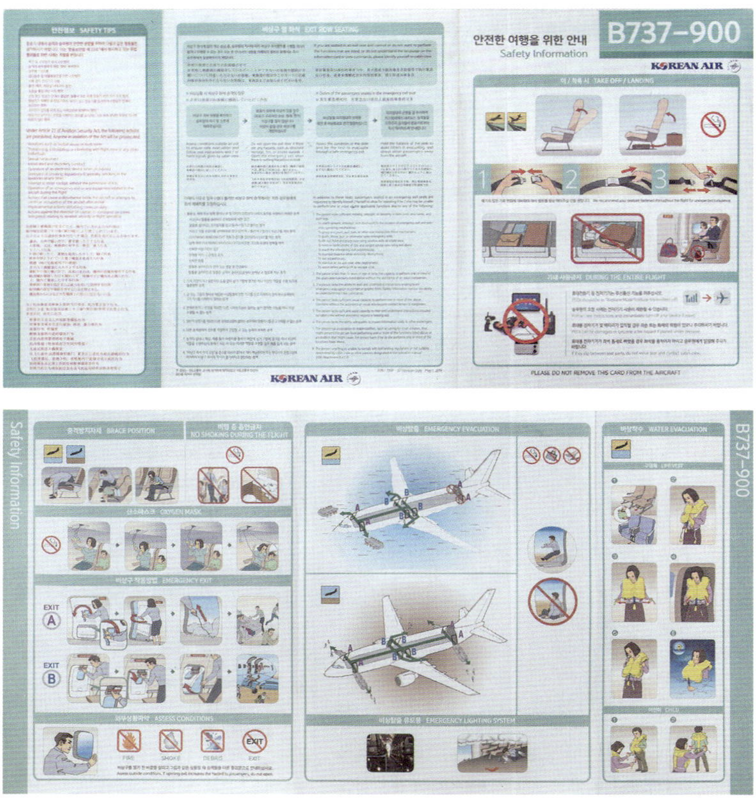

▲ Safety Information Card (SIC)

객실 승무원은 승객 탑승 중 비상구 열 좌석 착석 승객에게 승객의 임무, Safety Information Card 내용 및 비상구 사용법을 설명하고, 항공기 지상 이동이 시작되기 전에 객실 사무장에게 비상구 열 좌석 착석 규정 이행 여부를 보고해야 한다.

만약 비상구 열 좌석에 배정받은 승객이 적합하지 않거나 다른 좌석을 요구할 경우, 신속히 좌석을 재배치해야 한다.

+ Tip

비상구 열 좌석 브리핑 문구 예시(한국어)

안녕하십니까?
이곳은 비상구 열 좌석으로 비상시 승무원을 도와주셔야 합니다.
비상구 좌석 승객의 임무는 비상구 외부상황을 확인하고 승무원의 지시 및 신호에 따르는 것입니다.
비상구는 항공기 외부에 이상이 없고 승무원의 요청이 있는 경우에만 개방할 수 있습니다.
탈출 전에 미끄럼대 상태를 확인한 후에 먼저 탈출하시고, 이후 내려오는 승객을 도와주며 항공기로부터 대피하도록 안내해 주십시오.
협조해 주시겠습니까?

■ **승객이 협조 거부 의사를 보일 때**

비상 상황 시 승무원을 도와주실 의향이 없으시면 다른 좌석으로 옮기셔야 합니다.
괜찮으시겠습니까?

+ Tip

비상구 열 좌석 브리핑 문구 예시(영어)

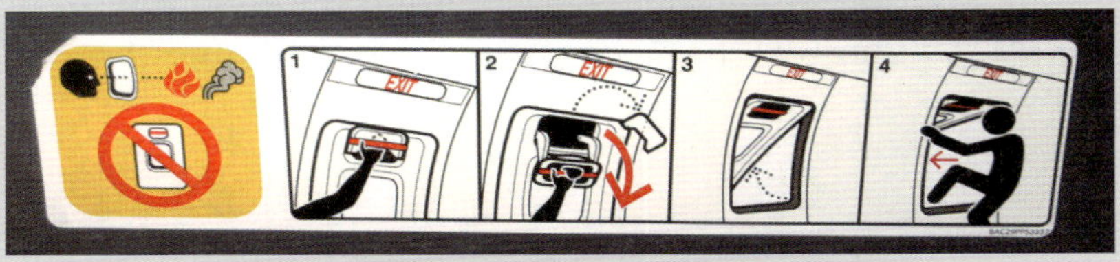

You are seated in an exit seat and you should help cabin crew in an emergency situation.
Passenger seated in an emergency exit seat should assess conditions outside of the exit and follow signals given by the crew members.
When the emergency exit is free of externally hazardous objects,
open the emergency exit according to the instructions of the crew members.
Please assess the condition of the slide, and be the first to evacuate.
Then assist others in evacuating and direct the evacuees away the aircraft.
Do you agree that you are responsible for assisting crew members in the event of an emergency?

- **승객이 협조 거부 의사를 보일 때**

If you don't intend to help us in emergency situation, we should rearrange your seat. Are you alright with it?

3) 비상구 열 좌석 승객 브리핑 모션

① 비상구 열 좌석 착석 승객에게 다가가 인사를 하고 Eye Contact를 한다.
② 비상구 열 좌석 승객의 임무와 비상구 사용법을 설명하고 협조 의사를 확인한다.
③ 승객의 수에 맞게 Seat Pocket에서 Safety Information Card를 꺼낸다.
④ Safety Information Card의 뒷면을 보여 드리며 승객에게 한 부씩 드리고 인사로 마무리 한다.

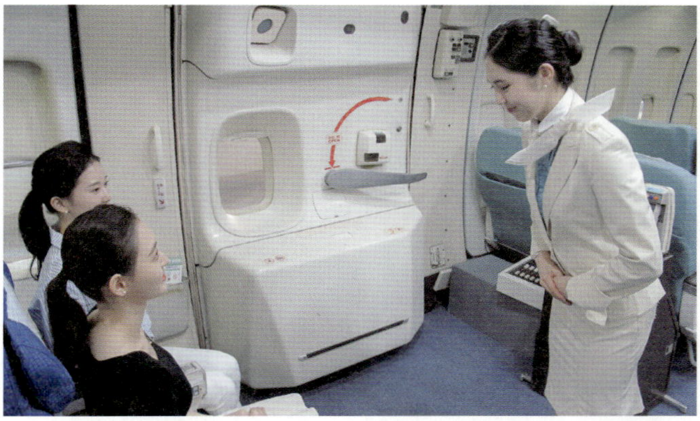

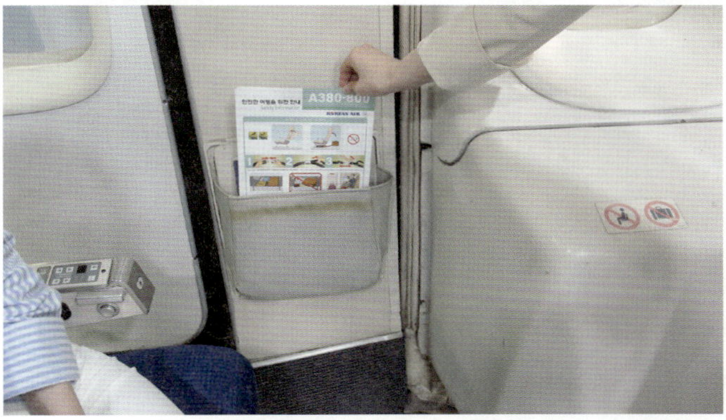

A380-800

A380-800

비상구 열 좌석 EXIT ROW SEATING

비상구 좌석에 앉아 계신 손님 중, 승무원의 지시에 따라 비상구 좌석임무를 수행할 의사가 없거나 이행할 수 없는 경우 또는 본 안내서의 내용을 이해하지 못하신 분께서는 즉시 승무원에게 말씀해주시기 바랍니다.

非常口座席にお座りのお客様の中で
非常時に乗務員の援助をしていただくことができないお客様や援助のお願いについて同意いただけないお客様、乗務員の指示やこのカードの記載内容がお分かりにならないお客様は、乗務員までお知らせくださいませ。

If you are seated in an exit seat and cannot or do not want to perform the functions that are listed, or do not understand the language on the information card or crew commands, please identify yourself to cabin crew.

坐在紧急出口座位的乘客当中，若不愿或不能在乘务员的指导下执行紧急出口任务，或者未理解此告示内容的乘客，请立即通知乘务员.

■ 비상상황 시 비상구 좌석 승객의 임무
■ 非常口座席のお客様に援助していただく内容
■ Duties of the passengers seated in the emergency exit seat
■ 发生紧急情况时，在紧急出口座位上就座的乘客的义务

비상구 외부 상황을 확인하고 승무원의 지시 및 신호에 따라주십시오 → 항공기 외부에 이상이 있을 경우 (항공기 구조적인 손상, 화재, 연기) 비상구를 열지 않습니다 이상이 없을 경우 비상구를 개방하십시오 → 비상탈출 미끄럼대의 상태를 확인 후 비상통로로 먼저 탈출하십시오 → 미끄럼대의 균형을 잘 유지하여 미끄럼대에서 내려오는 승객들을 도와주며 승객들이 항공기로부터 즉시 대피하도록 안내합니다

Assess conditions outside an exit to ensure safe evacuation and follow oral instructions and / or hand signals given by cabin crew

非常口の外部の状況を確認し、乗務員の指示に従ってください。

请确认紧急出口的外部情况,并听从乘务员的指导.

Do not open the exit door if there are any hazards, such as structural damage, fire, or smoke outside / Open the emergency exit when there is nothing hazardous outside

航空機外部に異常がある場合、(機体の破損、火災、煙など)非常口は、開けません。異常がない場合、非常口を開けてください。

飞机外部有异常情况时(飞机结构损坏、火灾、烟雾)请不要打开安全门. 没有异常情况时，请打开安全门.

Assess the condition of the slide and be the first to evacuate through a safe emergency exit

非常脱出用スライドの状態を確認し、まず先に脱出してください。

请检查紧急滑梯状况后，先从紧急通道逃离.

Hold the balance of the slide to assist others in evacuating, and direct other passengers away from the aircraft

脱出用スライドの下でスライドのバランスを保ち、あとから降りてくる人を援助し、飛行機からすみやかに離れるように指示してください。

使滑梯很好地保持平衡，然后帮助乘客从滑梯上滑下来并引导乘客尽快逃离飞机.

아래의 사유로 임무수행이 불가한 비상구 좌석 승객께서는 저희 승무원에게 좌석 재배치를 요청하십시오.

1. 활동성, 체력 또는 양쪽 팔이나 손 및 다리의 민첩성이 아래의 동작을 수행하기 어려운 승객
   - 비상구나 탈출용 슬라이드 조작장치에 대한 접근
   - 탈출용 슬라이드 조작장치를 잡고 밀거나 당기고 돌리는 동작
   - 비상구 작동 손잡이를 상하좌우로 잡고 당기거나 돌리거나 밀어서 비상구를 여는 동작
   - OVERWING WINDOW EXIT 작동 손잡이를 잡아당겨서 EXIT를 여는 동작
   - 날개 위의 OVERWING WINDOW EXIT와 비슷한 크기와 무게의 장애물 제거
   - 신속한 비상구로의 접근
   - 장애물 제거 시 균형의 유지
   - 신속한 탈출
   - 탈출용 슬라이드의 전개 또는 팽창 후 안정유지
   - 탈출용 슬라이드로 탈출한 승객이 슬라이드로부터 벗어날 수 있도록 하는 동작
2. 15세 미만이거나 동반자의 도움 없이 상기 '1'항에 열거된 하나 이상의 역할을 수행하기에 불충분한 승객
3. 글 또는 그림의 형태로 제공된 비상탈출에 관한 지시를 읽고 이해하지 못하거나 승무원의 구두지시를 이해하지 못하는 승객
4. 콘택트렌즈나 안경을 제외한 다른 시력보조장비 없이는 상기 열거한 기능을 하나 이상 수행할 수 없는 승객
5. 일반적 보청기를 제외한 다른 청력보조장비 없이는 승무원의 탈출지시를 듣고 이해할 수 없는 승객
6. 다른 승객들에게 정보를 적절하게 전달할 수 있는 능력이 부족한 승객
7. 승객의 상태나 책임, 예를 들어 어린이를 돌보기 때문에 상기 '1'항에 열거된 하나 이상의 역할을 수행하는데 방해가 되는 자 또는 이러한 역할을 수행할 경우 해를 입게 되는 승객
8. "비상구 좌석 착석 규정"을 준수할 의사가 없거나, 기타 객실승무원 또는 항공사의 운항규정에 의거하여 비상구 좌석에 착석이 불가하다고 판단되는 승객

In addition to these tasks, passengers seated in an emergency exit seats are requested to identify himself / herself to allow for reseating if he / she may be unable to perform one or more of the applicable functions due to any of the following;

1. The person lacks sufficient mobility, strength, or dexterity in both arms and hands, and both legs
   - To reach upward, sideways, and downward to the location of emergency exit and exit-slide operating mechanisms;
   - To grasp and push, pull, turn, or otherwise manipulate those mechanisms;
   - To push, shove, pull, or otherwise open emergency exits;
   - To lift out, hold and place over-wing window exits to a safe area.
   - To remove obstructions of size and weight similar over-wing exit doors;
   - To reach the emergency exit expeditiously;
   - To maintain balance while removing obstructions;
   - To exit expeditiously;
   - To stabilize an escape slide after deployment;
   - To assist others getting off an escape slide;
2. The person is less than 15 years of age or lacks the capacity to perform one or more of the applicable functions listed above without the assistance of an adult companion.
3. The person lacks the ability to read and understand instructions relating to an emergency evacuation in printed or graphic form (Safety information card)or the ability to understand oral crew commands.
4. The person lacks sufficient visual capacity to perform one or more of the above functions without the assistance of visual aids beyond contact lenses or eyeglasses.
5. The person lacks sufficient aural capacity to hear and understand instructions shouted by cabin crew without assistance beyond a hearing aid;
6. The person lacks the ability adequately to impart information orally to other passengers.
7. The person has a condition or responsibilities, such as caring for small children, that might prevent the person from performing one or more of the functions listed above or a condition that might cause the person harm if he or she performs one or more of the functions listed above.
8. The person unwilling or unable to comply with exit seating regulations or not suitable determined by cabin crew or other persons designated in the operation manual. (FSR Attachment 8.4.7.9)

본 정보는 국토교통부 고시에 의거하여 제작되었고 국토교통부 장관의 승인을 득하여 운영됨'

P/N : 74HI-01 Revision Date : August 26. 2015

KOREAN AIR

▲ Safety Information Card의 뒷면

2. Door Close

1) Head Count

승객 탑승이 완료되면 운송직원이 객실 사무장에게 Ship Pouch와 승객 및 화물 관련 입항서류 등을 인계하고 승객 탑승 완료를 통보한다. 승객 탑승 완료를 통보받으면 객실 승무원은 Head Count 절차를 진행해야 한다.

Head Count는 승객의 미탑승과 오탑승을 방지하고, 철저한 객실의 보안을 통해 승객의 안전을 확보하는 절차로 승객 명단상의 인원수와 Head Count 인원수가 일치하지 않을 때에는 출발이 불가하다. 객실 사무장은 승객 탑승이 완료되고 착석 상태를 확인한 후 사전에 지정한 담당 승무원에게 Head Count를 지시한다.

Head Count 담당 승무원은 좌석을 차지하지 않는 영유아를 포함한 모든 탑승객의 수를 카운트한다. 신속하고 정확한 Head Count를 위해 객실 사무장은 협조를 요청하는 기내 방송을 실시하며, 나머지 객실 승무원들은 승객들이 좌석에 착석할 수 있도록 안내하고 화장실에 잔류 승객이 있는지 확인한다.

Head Count가 완료되면 최종 인원수를 취합하고 운송직원에게 받은 승객 명단의 인원수와 Head Count 인원수가 일치하는지 확인한다.

+ Tip

바코드 스캐너로 탑승권을 확인하는 경우, 탑승 승객의 수가 자동으로 취합된다.

이때에도 승객 명단상의 인원수와 취합된 인원수가 일치하는지 확인해야 하며, 불일치할 경우 신속히 원인을 파악하고, 계수기를 이용해 Head Count를 진행해 실제 탑승 인원을 정확히 확인한다.

2) Door Close 준비 완료

▶ Door Close 준비 완료

- 승객 탑승 완료
- 모든 휴대수하물의 정위치 보관
- 모든 Overhead Bin의 닫힘 상태

Head Count가 완료되고 'Door Close 준비 완료' 사항까지 모두 확인되면 객실 사무장은 기장에게 탑승객 수와 Door Close 준비 완료 사항 및 기타 특이사항에 대해 보고한다.

"승객 000명 탑승했습니다. Door를 닫을 준비가 되었습니다."

기장의 동의를 받아 탑승구를 닫을 때에는 기내 방송을 통해 지상 직원의 기내 잔류 여부를 확인해야 한다.

항공기의 Door를 닫을 때에는 Gust Lock Release Lever를 들어 올려 Gust Lock을 해제한 후, 한 손으로 Assist Handle을 잡고 다른 한 손으로 힘을 주어 Door를 안쪽으로 잡아당긴다. Door가 거의 닫혔을 때 Door Operating Handle을 Door에 표시된 화살표의 역방향으로 완전히 돌려 Door를 닫는다.

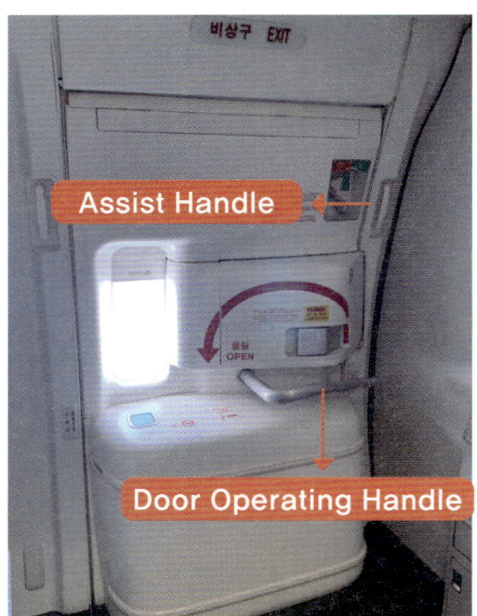

3. Safety Check

1) Safety Check

탑승을 위해 열려 있던 항공기의 Door를 모두 닫으면 객실 사무장은 Interphone의 All Attendant Call을 통해 전 승무원에게 Safety Check를 지시한다.

Safety Check는 항공기가 지상 이동(Pushback)을 시작하기 전, Door Mode변경 여부 및 객실 준비 사항이 모두 이상 없음을 동시에 보고하는 절차이다.

+ Tip

Safety Check 절차

① 객실 사무장이 All Attendant Call을 통해 Safety Check를 지시한다.
"Cabin crew, Safety check and Cross check"

② 객실 승무원은 지상 이동을 위한 객실 준비 상태 항목 확인 및 Door Mode 변경을 실시한다.

③ 객실 사무장이 다시 All Attendant Call을 이용하여 Safety Check를 확인한다.

④ 객실 승무원은 담당 Door의 Door Mode 변경 완료 및 담당 구역의 객실 점검 사항에 이상이 없는 경우, 담당 Door의 위치와 함께 Safety Check 완료를 보고한다.
"L5, Safety Check했습니다."

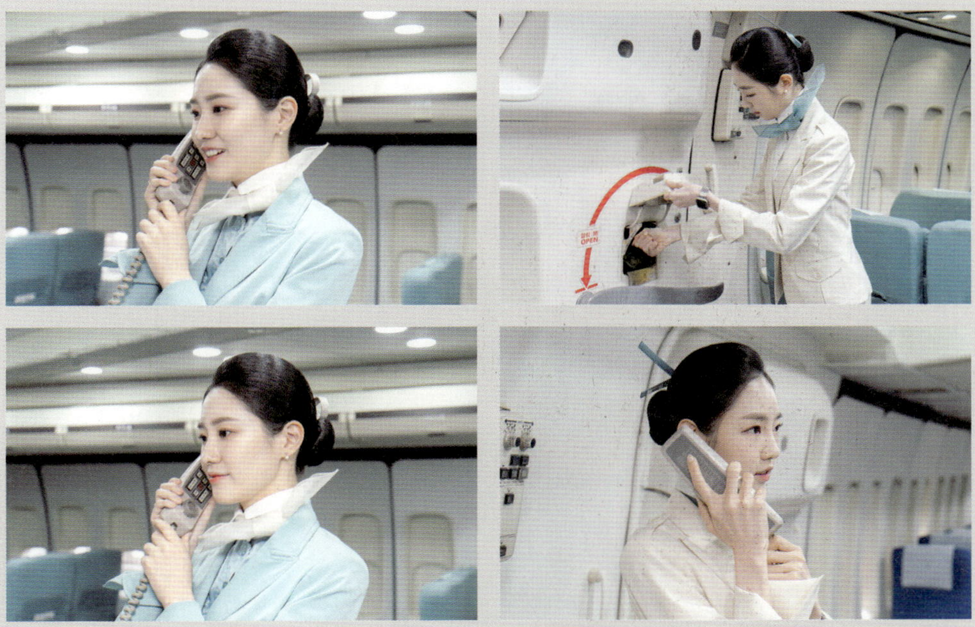

▶ 지상 이동을 위한 객실 준비 상태 항목

- Door Close 준비 완료 사항
- 비상장비 점검 상태
- 비상구 열 좌석 착석 상태
- 서비스 Cart의 정위치 보관 상태
- 승객 착석 및 좌석벨트 착용 상태
- 승객 좌석 등받이, 개인용 Monitor, Tray Table, Footrest 원위치 상태
- 모든 Door의 Close 및 Door Mode 변경 여부

객실 승무원이 객실 사무장의 두 번째 All Attendant Call에 응답하고 "Safety Check했습니다."라고 보고하는 것은 담당하는 Door의 Door Mode를 변경했고 담당 구역의 객실 준비 사항을 모두 확인하고 이상이 없음을 뜻한다.

객실 사무장은 지상 이동을 위한 객실 준비 상태를 재확인한 후 기장에게 'Pushback 준비 완료'를 보고한다. 기장은 객실 사무장의 Pushback 준비 완료 보고 없이 항공기 지상 이동을 실시할 수 없다.

+ Tip

Pushback

항공기가 출발을 위해 최초로 움직이는 것을 말한다. 후진하지 못하는 항공기의 특성상 Towing Car(견인차)에 의해 뒤로 밀어지기 때문에 Pushback이라는 명칭이 붙었다.

Pushback 시점은 항공기가 Towing Car에 의해 움직였다면 최초로 항공기 바퀴가 움직인 시점이 되고 자체 추진력으로 움직였다면 Engine이 Start된 시점이라고 정의할 수 있다.

2) Door Mode 변경

항공기 출발 시에는 Door Mode 선택 레버를 정상(Disarmed) 위치에서 팽창(Armed) 위치로 변경해야 한다.

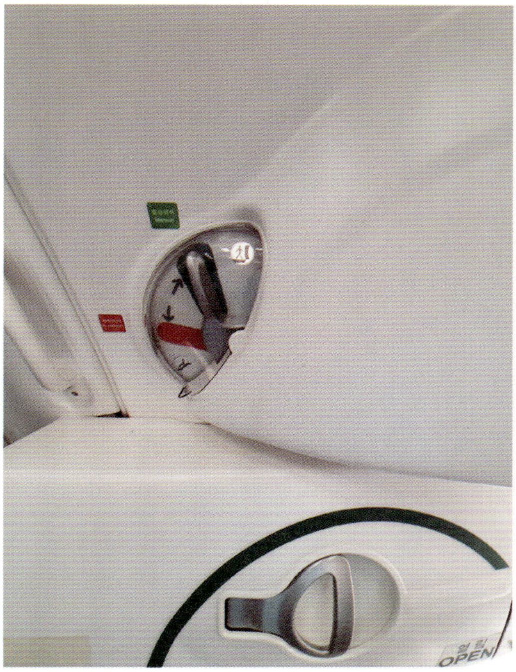

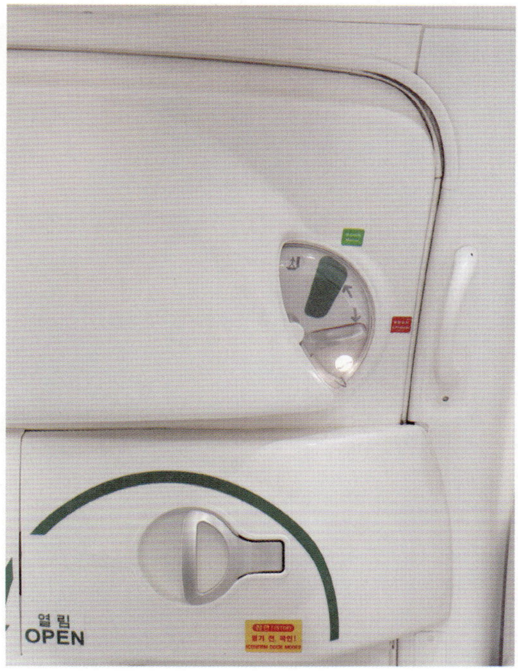

객실 승무원은 사무장의 All Attendant Call 지시에 따라 Door Mode를 변경한다. 실수를 방지하기 위해 Door Mode를 기계적으로 급하게 변경하지 않고, 잠시 멈춰서 변경해야 하는 Door Mode 레버의 위치를 생각한 후에 변경하도록 한다.

변경이 끝나면 L-side와 R-side의 객실 승무원은 엄지손가락을 위로 세워 각자의 Door Mode 레버를 가리키면서 Cross Check(상호 확인)한다.

객실 사무장의 두 번째 All Attendant Call에 응답할 때에는 객실의 가장 뒤쪽 Door의 담당 승무원부터 차례로 응답하며 보고한다.

"L5, Safety Check했습니다!"

두 번째 All Attendant Call은 L-side Door 담당 객실 승무원만 응답하여 Safety Check를 보고하며, 이때 R-side Door 담당 객실 승무원은 L-side Door 담당 객실 승무원의 보고가 완료될 때까지 담당 Door 앞에서 대기한다. (B747, A380 항공기의 경우 Main Deck가 순차적으로 보고한 후 Upper Deck 후방부터 보고한다.)

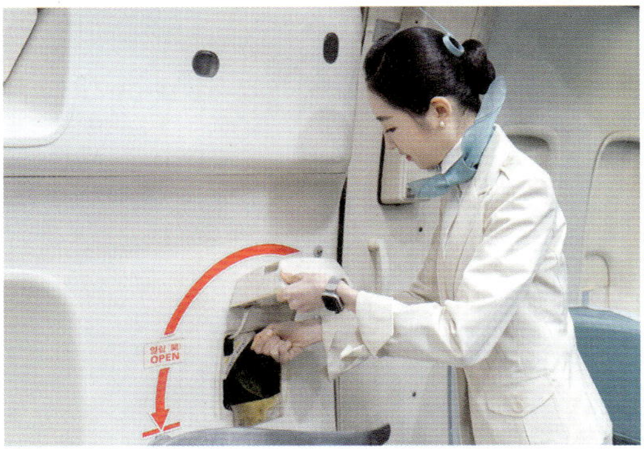

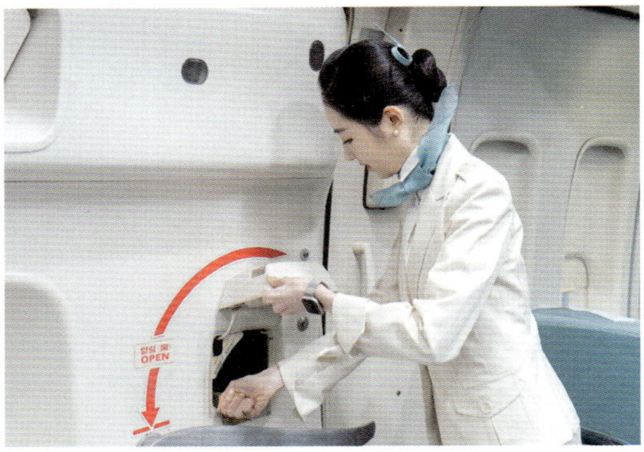

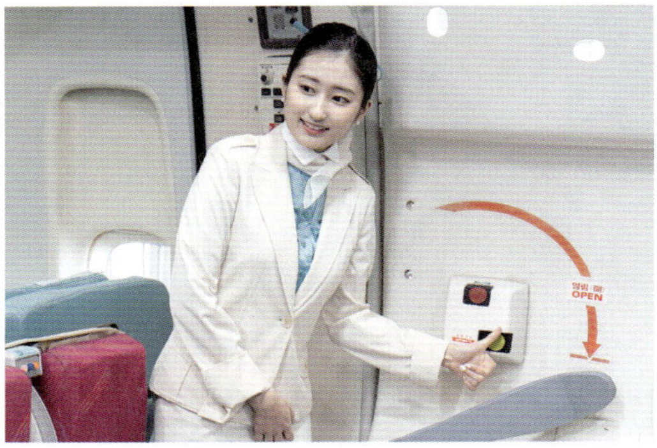

4. 탑승 환영 방송(Welcome 방송)

Safety Check 절차가 끝나면 기내 방송 담당자는 탑승 환영 방송을 실시한다. 이때 객실 승무원은 담당 Zone 전방에 모두 Stand-by하여 Welcome 방송의 첫 문구에 맞추어 승객을 향해 정중하게 인사한다.

기내 방송의 1차 책임자는 객실 사무장이고 2차 책임자는 방송 담당 승무원이다. 방송 담당 승무원은 정확한 정보 전달을 위해 평소 발성 및 발음 연습, 마이크 사용법 등 방송에 대한 지속적인 노력을 해야 한다.

Welcome 방송문 안에는 환영 인사, 목적지, 편명, 비행시간, 출발 전 안전에 관한 사항 등이 포함되어 있다. 탑승 환영 방송은 출발 준비가 끝난 후 모든 승객이 집중하는 방송이자 항공사가 승객에게 하는 첫인사와 같은 의미를 가진다.

그러므로 방송 담당자는 진심으로 승객을 환영하고 탑승에 감사하는 마음을 담아 전 승무원을 대표한다는 책임감을 가지고 방송을 실시해야 한다.

+ Tip

방송문 읽어 보기

방송문을 읽을 때에는 발음, 음성, 속도, 끊어 읽기 등에 유의하며, 문장의 키워드에 적절한 강세를 주어 정보를 효과적으로 전달하도록 한다.

Welcome 방송문 예시

손님 여러분, 안녕하십니까?
저희 ○○ 항공은 여러분의 탑승을 진심으로 환영합니다.
이 비행기는 (도시명)까지 가는 ○○ 항공 ____________ 편입니다.
저희 승무원들은 여러분께서 안전하고 편안하게 여행하실 수 있도록 정성을 다하겠습니다.
출발을 위해 좌석벨트를 매 주시고 등받이 테이블을 제자리로 해 주십시오.
노트북 등 큰 전자기기는 좌석 하단 또는 기내 선반에 보관해 주시기 바랍니다.
비행 중 여러분의 안전을 담당하는 안전요원인 승무원의 지시에 협조해 주시기 바라며,
계속해서 잠시 화면(/승무원)을 주목해 주시기 바랍니다.

출발 지연 안내방송은 출발시각을 기준으로 10분이 경과하면 객실 사무장이 실시하며, 객실 사무장은 방송을 실시하기 전에 기장으로부터 지연사유, 지연시간 등 지연과 관련된 정보를 전달받아 방송을 실시한다.

추가로 지연될 경우, 30분마다 승객에게 지연상황(지연사유 및 지연 예상시간)을 방송으로 안내한다. 방송 전에는 항상 운항승무원에게 진행상황을 확인하고 정확한 정보를 승객에게 안내할 수 있도록 한다.

+ Tip

방송문 읽어 보기

지연 방송문 예시

손님 여러분, 우리 비행기는

승객 탑승	일부 승객이 아직 탑승하지 않아
기상 관련	폭우(폭설/강풍/짙은 안개)로 인해
	___________ 공항의 기상상태가 좋지 않아
	공항 제설작업으로 인해
공항 혼잡	공항이 혼잡해
점검 관련	항공기 추가 점검이 필요해

출발이 늦어지고 있습니다.

선택	잠시 후에 출발하겠습니다.
	약 __________ 분 후에 출발하겠습니다.

이 점, 양해해 주시기 바랍니다.

5. Safety Demonstration

탑승 환영 방송이 끝나면 항공기 안전 관련 사항 및 비상시 탈출절차에 관한 Safety Demonstration을 실시한다.

기종에 따라 항공기에 장착된 Video 시스템을 통해 상영하거나 객실 승무원이 Demonstration Equipment를 이용하여 직접 시연한다.

▶ Safety Demonstration 내용

- 좌석벨트 사용법
- 비상시 사용하는 탈출구의 위치
- 구명복, 산소마스크, 그 외 해당 노선에 탑재된 필요한 비상장비
- 승객 좌석에 비치된 Safety Information Card 내용
- 금연 규정 등 기타 승객이 알아야 할 내용

1) Safety Demonstration Video

Sorbis / Shutterstock.com

Safety Demonstration Video가 상영되는 동안 모든 객실 승무원들은 담당 Zone의 비상구 주변에 고르게 위치해야 한다.

객실 승무원은 승객 좌석의 모니터가 모두 작동하는지 확인하고 모니터가 작동하지 않는 좌석의 승객이나 객실의 모니터를 볼 수 없는 위치에 있는 승객을 위해 개별 승객 브리핑을 실시한다.

▶ 개별 승객 브리핑을 하는 경우

- UM, 장애인, 노약자 등 비상 탈출 시 도움이 필요한 승객
- 객실 구조상 Safety Demonstration Video를 볼 수 없는 좌석에 착석한 승객

개별 승객 브리핑을 할 때에는 승객에게 가장 가까운 비상구와 경로 및 탈출을 시작해야 하는 가장 적절한 시점에 대한 안내가 포함되어야 한다.

2) Safety Demonstration 실연

기내의 상황이나 Monitor가 없는 기종은 Safety Demo Equipment를 이용해 객실 승무원이 Safety Demonstration을 직접 실연한다.

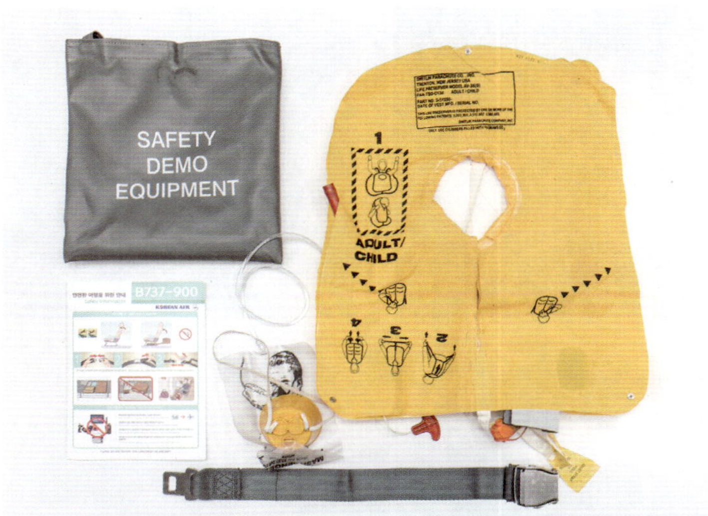

▲ Safety Demo Equipment
구성품 : 좌석벨트, 산소마스크, 구명복, Safety Information Card

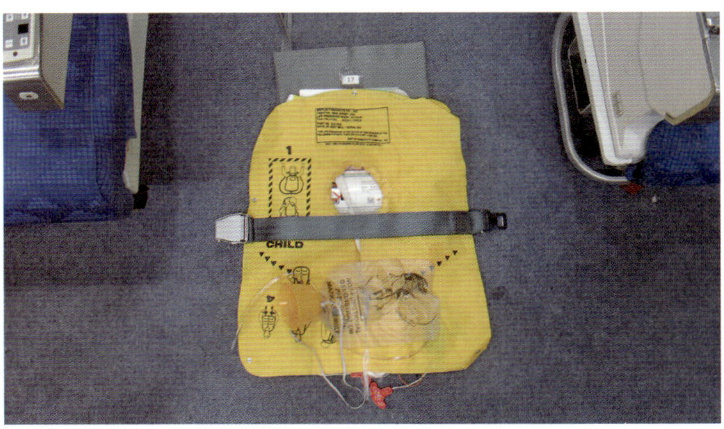

▲ Safety Demo Equipment 놓는 순서
하단부터 Safety Information Card – 구명복 – 산소마스크 – 좌석벨트 순

Safety Demonstration을 직접 실연하는 객실 승무원은 COM에 나와 있는 실연 위치를 확인하고, 미리 본인의 위치에 용구들을 정리해 둔다. 객실 승무원들은 친절한 표정을 유지하면서 절도 있고 통일된 동작으로 항공기 안전과 비상 탈출과 관련된 안내사항을 정확히 전달한다.

객실 사무장은 Safety Demonstration의 내용이 효과적으로 전달될 수 있도록 객실의 조명을 적절하게 조절한다.

Sorbis / Shutterstock.com

– Video 상영 시: Dim (화면이 잘 보이도록 어둡게 조절)

thipjang / Shutterstock.com

– 승무원 실연 시: Full Bright (가장 환하게 조절)

Safety Demonstration Motion Guide

지금부터 비상구 위치와 비상장비 사용법에 대해 안내해 드리겠습니다.
잠시 주목해 주시기 바랍니다.

Guide 각자 자신의 위치에서 차렷 자세로 Eye contact & smile

Ladies and gentlemen,/ we will now show you/ the safety features of this aircraft./
Please direct your attention to our cabin crew./

이 비행기의 비상구는 모두 _____ 개로/ 좌우에 각각 있습니다.

Guide 오른손으로 옆의 비상구를 가리킨 후 다시 뒤쪽 비상구를 가리킨다.

There are _____ emergency exits/ on both sides of the aircraft./

Guide 왼손으로 옆의 비상구를 가리킨 후 다시 뒤쪽 비상구를 가리킨다.

비상시 비행기의 전원이 꺼질 경우, 비상구까지 유도등이 통로에 켜지게 됩니다.

Guide 정면을 보고 유도등 쪽의 검지와 중지를 이용해 바닥의 유도등을 선을 긋듯이 가리키며 비상구 쪽으로 이동 비상구 쪽 손으로 비상구를 두 번 가리킨다.

If there is a loss of power in an emergency,/ Emergency Track Lights will turn on and guide you to the exits./

Guide 정면을 보고 유도등 쪽의 검지와 중지를 이용해 바닥의 유도등을 선을 긋듯이 가리키며 비상구 쪽으로 이동 비상구 쪽 손으로 비상구를 두 번 가리킨다.

좌석벨트 사인이 켜지면 반드시 좌석벨트를 매 주십시오.

Guide 양손으로 좌석벨트를 들어 Showing

Please fasten your seatbelt/ when the seatbelt sign is on./

Guide 오른쪽 정면 왼쪽 정면

벨트는 버클을 끼워 허리 아래로 내려서 조여 주시고 풀 때에는 덮개를 들어 올리시면 됩니다.

Guide 버클을 끼우고 조인 후 덮개를 들어 올려 푸는 동작

To fasten your seatbelt,/ insert the link into the main buckle/ and tighten the strap across your hips securely./

Guide 버클을 끼우고 조인 후

To release the seatbelt,/ raise the flap of the buckle./

Guide 덮개를 들어 올려 푸는 동작

산소마스크는 선반 속에 있으며 산소 공급이 필요한 비상시에 저절로 내려옵니다.

Guide 산소마스크를 들어 승객을 향해 showing 선반 아래쪽 panel에 정확히 댄 후 유지하다 떨어뜨린다.

Your oxygen mask is in the overhead compartment/ and it will drop automatically when needed./

마스크가 내려오면 앞으로 잡아당겨 코와 입에 대시고 끈으로 머리에 고정해 주십시오.

Guide 마스크를 잡아 얼굴 쪽을 향해 두 번 잡아당긴다. 코와 입에 댄다. 한 손으로 마스크를 잡고 다른 한 손으로 끈을 머리에 두른다.

When the mask drops,/ pull it toward you/ and cover your nose and mouth,/ then adjust the elastic head band./

Guide 오른쪽 정면 왼쪽 정면

도움이 필요한 동반자가 있을 때에는/ 먼저 착용하신 후 도와주시기 바랍니다.

Guide 한 손은 마스크를 계속 잡고 다른 한 손으로 앞쪽 끈을 잡아당겨 두 번 조인다.

Please put your mask on first/ and then help someone who may need your assistance./

Guide 오른쪽 정면 왼쪽 정면

여러분의 좌석(또는 팔걸이) 아래에 있는 구명복은/ 비행기가 바다에 내렸을 경우, 사용하시게 됩니다.

Guide 바닥에서 구명복을 들어 올려 showing한다. 구명복을 오른쪽으로 돌려 뒤쪽을 showing한 후 다시 돌린다.

Your life vest is located under your seat (or beside your seat)/ for use in an emergency landing on the water./

Guide 구명복을 왼쪽으로 돌려 뒤쪽을 showing한 후 다시 돌린다.

착용하실 때에는 머리 위에서부터 입으시고, 양팔을 끼운 다음 끈을 아래로 당기십시오.

Guide 머리 위에서부터 입는다. 뒤로 돌아 양팔을 끼우고 양쪽 끈을 아래로 당기는 동작을 보여 준 후 노란색 손잡이를 잡는다.

노란색 손잡이를 양옆으로 잡아당겨 몸에 맞게 조절해 주십시오.

Guide 다시 정면을 향해 돌아, 잡고 있는 손잡이를 양쪽으로 당겨 조인상태를 유지한다.

To put the vest on,/ slip it over your head,/ then adjust the straps around your waist./

Guide 오른쪽 정면 왼쪽 정면

구명복은 기내에서 부풀지 않도록 유의해 주시고,
부풀릴 때에는 탈출 직전 비상구 앞에서 붉은색 손잡이를 당기시면 됩니다.

Guide 정면을 향해 showing 앞에 있는 붉은색 손잡이를 잡고 오른쪽으로 두 번 세게 당긴다.

Please do not inflate the vest inside the aircraft./

To inflate the vest,/ pull the red tab(s) down in front of an exit door/ just before leaving the aircraft./

Guide 정면을 향해 showing 왼쪽으로 두 번 세게 당긴다.

충분히 부풀지 않을 때에는/ 고무관을 힘껏 불어 주십시오.

Guide 양쪽의 고무관이 보이도록 꺼내어 잡는다. 고무관을 움켜잡고 오른쪽 고무관을 실제처럼 힘껏 분다.

You can also inflate it/ by blowing into the tube(s)./

Guide 왼쪽 고무관을 분다.

Guide 천천히 안내문을 집어 들고

보다 자세한 사항은/ 앞 좌석 주머니에 있는 안내문을 참고하시기 바랍니다.

Guide 안내문 앞면을 showing 안내문을 펼쳐 보인다.

For more information,/ please refer to the safety information card/ in your seat pocket./

Guide 안내문을 접어 오른쪽 정면 왼쪽 showing, 잡아 내린 후 두 손을 모은다.(남 승무원은 차렷 자세) 승객을 향해 인사한다.

아울러 비행기 내에서의 흡연은 엄격히 금지되어 있음을 알려 드립니다.

Guide Demo 용구 정리 후 안전 체크

Also,/ we'd like to remind you/ that smoking is strictly prohibited during the flight./

감사합니다.

6. 이륙 전 안전 업무

항공기가 이륙하기 전 객실 승무원은 객실과 Galley의 최종적인 안전 점검을 실시한다. 이 시점의 안전 업무는 동시다발적으로 이루어져야 하며 모든 객실 승무원이 객실과 Galley를 꼼꼼하게 점검해야 한다.

▶ 이륙 전 Galley 안전 점검사항

- Galley 내의 유동물을 Locking 및 고정한다.
- 모든 Compartment의 닫힘 상태와 잠김 상태를 확인한다.
- 모든 Cart 의 보관 상태 및 Cart Pedal의 고정 상태를 확인한다.

▶ **이륙 전 객실 안전 점검사항**

- 승객 좌석 등받이, 개인용 Monitor, Tray Table, Footrest의 원위치 상태를 확인한다.
- 노약자 승객, 장애인 승객 및 특별서비스 대상 승객의 좌석벨트 착용 상태를 확인한다.
- 화장실 내 승객 유무를 확인한다.
- 접이식 모니터(Retractable Monitor)를 접는다.

▲ 최종 안전 점검을 실시하는 승무원

객실과 Galley의 최종 안전 점검이 끝난 후, 객실 승무원은 지정된 Jumpseat에 착석하여 좌석벨트와 Shoulder Harness를 착용하고 '30 Second Review'를 상기한다. 30 Second Review는 30초 동안 비상 탈출에 관한 객실 승무원의 절차와 업무 내용을 머릿속으로 생각하는 것으로, 항공기가 이륙하고 착륙할 때 Jumpseat에 앉아 실시한다.

+ Tip

승무원 좌석(Jumpseat)

비상시 승무원의 역할 수행을 위해 각 비상구 옆에 설치되어 있다. 사용하지 않을 때에는 자동으로 접히며, 사용 시에는 펴서 사용하며, 승무원 좌석에 장착되어 있는 좌석벨트와 Shoulder Harness는 항상 좌석 안쪽으로 정리해 놓아야 한다.

승무원 좌석은 전향과 후향이 있으며, 승무원 1명이 앉게 되어 있는 좌석을 Single Jumpseat라 하고, 2명이 앉게 되어 있는 좌석을 Double Jumpseat라 한다. 2명이 앉을 경우, Door에 대한 일차적 책임은 선임승무원에게 있다.

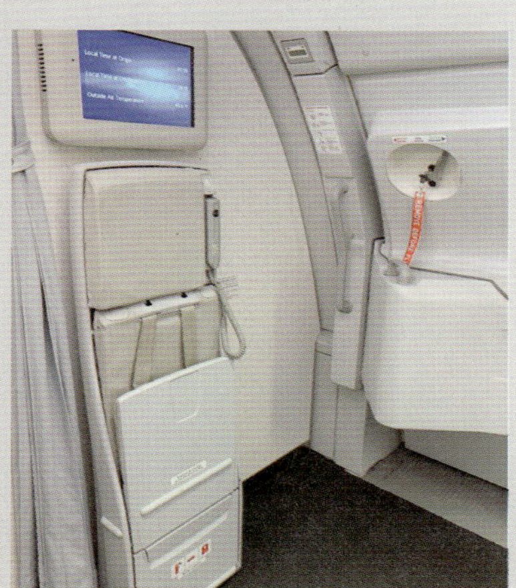

■ **Jumpseat 착석 시 승무원의 준비 자세**

① 좌석벨트를 허리 아래쪽으로 고정한다.
② Shoulder Harness를 착용한다.
③ 몸을 세워 Jumpseat에 단단히 기대어 앉는다.
④ 발바닥을 바닥에 붙인다.

⑤ 양손의 손바닥을 위로 향하게 하여 다리 밑에 깔고 앉는다.

⑥ '30 Second Review'를 실시한다

▶ 30 Second Review

- 비상 장비의 위치와 작동법
- 비상구 위치와 작동법
- 비상 탈출 순서
- 비상 탈출 시 나에게 도움을 줄 수 있는 승객
- 비상 탈출 시 내가 도움을 제공해야 하는 승객
- 충격 방지 자세 Shouting

기장에 의한 Take-off Signal이 나오면 객실 사무장은 모든 승객과 승무원의 착석 상태 및 객실 내 이륙 준비 완료 여부를 확인하고, 기장에게 '이륙 준비 완료'를 보고한다. 그 후 승객을 위한 이륙 안내 방송을 실시한다.

+ Tip

방송문 읽어 보기

이륙 안내 방송 예시

손님 여러분,
우리 비행기는 이제 이륙하겠습니다.
여러분의 안전을 위해, 좌석벨트를 매셨는지 다시 한번 확인해 주시기 바랍니다.
감사합니다.

Ladies and gentlemen.
We are now ready for takeoff.
Please make sure that your seatbelt is securely fastened.

Appendix

부록

| 일반석 비행 준비 ~ 이륙 전까지 업무 가이드

| 일반석 이륙 후 ~ 비행 중 업무 가이드

| 일반석 착륙 준비 ~ 승객 하기 시까지 업무 가이드

일반석 비행 준비 ~ 이륙 전까지 업무 가이드

시점	점검사항	세부사항
비행 준비	필수 휴대품	◻ 여권 & 비자, ID Card, 승무원 등록증, COM 육안으로 확인 ◻ 메모패드, 기내화, 앞치마 등 개인별 기내 서비스용 준비물 점검
	Duty 확인	◻ 본인의 지정된 Duty 및 Jumpseat 확인
	비행 정보 사전 학습	◻ 비행정보 확인(출 · 도착시각, 기내 설비/IFE 시스템, 목적지 출입국절차/입국서류/면세범위, 서비스 절차 등) ◻ 승객 예약현황, 기내식 메뉴, 특별기내식 주문 내역 및 특별서비스 신청 승객현황 등 확인 ◻ 최근 주요 지시 · 공지사항 및 주요 불만 VOC 사례 숙지
	브리핑	◻ 특별서비스 신청 승객(UM/WCHR/FMLY/유 · 소아 동반 승객 등) 표준 응대 절차/지침 ◻ 노선별 특기 사항 ◻ 기내서비스 관련 특기 사항(해당 편 클래스별 기내식 메뉴) ◻ 기종별 특기 사항(IFE 시스템 사양 및 Seat Troubleshooting 방법 등) ◻ 운항 승무원 주관의 합동 브리핑에 참석
승객 탑승 전	비상/보안 장비 점검	◻ 객실 사무장의 PA 지시에 맞춰 담당 구역별 비상/보안 장비 점검 및 기내 보안 점검 • 비상장비 및 보안장비의 수량, 위치 및 이상 유무 확인 • 비행 전 보안 점검 Checklist에 의거한 객실, 화장실 및 Galley 점검
	설비 점검	◻ 좌석 점검(Seat Pocket 내 이물질 및 SIC 비치 상태, 좌석 주변 청결 상태 및 조명 점등 상태 등) ◻ Galley 설비 점검(Air Bleeding 실시) ◻ Onboard Wheelchair 탑재 유무 확인 ◻ IFE System 점검(ISPS 위치, Audio, Video, Screen, 개인용 Monitor, Handset 등 작동 여부 확인) ◻ PA 상태 점검
	화장실 점검	◻ 화장실 점검항목에 의거한 화장실 청결 여부 및 화장실 용품 비치 상태 점검 ◻ 여성 우선 전용 화장실 내 여성용 화장실 용품 Setting
	청소 상태 점검	◻ Floor 등 Aisle 청결상태 ◻ 좌석 위 및 Seat Pocket 내 이물질 유무 등 Seat 청소상태 ◻ Galley 바닥에 물기 잔존 여부 및 선반 청결 여부 등 Galley 청소 상태

시점	점검사항	세부사항
승객 탑승 전	SVC 물품 탑재 확인	ㅁ Meal 탑재 확인(Meal Tray, Main Dish, SPML, Snack) ㅁ Service Item(Towel, Linen, 고추장, 생수, Liquor & Beverage 류, 각종 Dry Item 등) ㅁ 서비스 기물(Basket, Tongs, 오븐 장갑, Tray, Mat, Wine Opener, Pot 등) ㅁ 승객 서비스 용품(Headphone, Amenity Kit 등)
	기내 판매 인계 인수	ㅁ 항공기 탑승 전 Money Bag, 잔돈 수령 ㅁ 면세품 확인 및 인수(고가물품은 Item by Item, 기타 물품은 Seal to Seal 인계) ㅁ 보조용품 탑재 여부 및 수량 확인(판매기계, 쇼핑백 등)
	신문 준비	ㅁ Serving Cart에 제호가 보이게 가지런히 Setting
승객 탑승 시	탑승 인사	ㅁ 탑승권의 출발일자, 편명은 필히 확인 ㅁ 거동 수상자, 환자나 이상 승객을 사전에 파악할 수 있도록 주의를 기울이고 비인가자 출입 통제 실시
	좌석 안내	ㅁ 밝은 표정으로 유연성 있게 이동하며 안내하고, 통로가 막혀 탑승이 지연되지 않도록 유의 ㅁ 특별서비스 승객은 좌석 안내 시부터 적극적으로 도움 제공 ㅁ 비상구 좌석 브리핑 실시(비상구 좌석 착석 적합성 여부 및 협조 동의 여부 확인)
	BAG 보관	ㅁ 기내 반입 휴대 수하물 적합성 여부 확인 및 보관장소 안내
	기타 사항	ㅁ 특별기내식 주문 승객의 이름을 확인한 후 해당 승객의 Headrest Cover에 스티커 부착 ㅁ 승객이 신속히 착석할 수 있도록 적극 안내하고 만석인 경우 전 좌석의 착석 상태 재확인
이륙 전	Safety Check	ㅁ 항공기 지상 이동을 위한 객실 준비 상태 점검 ㅁ 객실 사무장의 All Attendant Call에 응답
	환영 방송	ㅁ 담당 구역 전방에서 환영 방송에 맞춰 정중히 인사 실시 ㅁ 객실 후방으로 이동하며 오버헤드 빈 닫힘 상태 등 안전사항 점검
	Safety Demo	ㅁ 안전 관련 승객 브리핑 비디오 상영/실연을 시청할 수 없는 좌석에 착석한 승객, UM, 노약자 및 장애인에게는 개별 브리핑 실시
	안전 업무	ㅁ Cart 정위치 보관, Compartment 닫힘 상태 확인 ㅁ Cabin, Lavatory, Galley 최종적 안전 업무 수행 ㅁ 화장실 내 승객 유무 확인 ㅁ Jumpseat 착석, Shoulder Harness 착용, 30 Second Review

일반석 이륙 후 ~
비행 중 업무 가이드

시점	점검사항	세부사항
이륙 후 ~ SVC 전	객실 점검	▫ 기내 온도 점검 (기내 적정온도 : 24±1℃) ▫ 유 · 소아 동반 승객 응대 (Bassinet 장착 등)
	갤리 브리핑	갤리 브리핑 내용 • 승객 탑승 시 특이사항 정보 공유 • Zone별 특별 서비스 신청 승객 현황 및 정보 공유 • Service Item 위치 확인 • Meal Cart 수량/위치 및 식사 확인 • 기내식 제공 절차 등 전체 Service Plan 리뷰 • 특별기내식 주문 내역 및 서비스 방법 리뷰
	기내 방송	▫ 정확한 정보 전달을 위해 천천히 또박또박 실시 ▫ 모니터링 담당 승무원은 Aisle에서 청취하여 이상 여부 확인
비행 중	식사 제공	▫ Main Dish Heating 상태 점검하여 적정 시점 Setting ▫ Vinyl Cover나 Tin Foil이 훼손된 것은 새것으로 교환해서 최상의 상태로 제공 ▫ SPML 제공 시 주문 승객 및 주문 내용을 재차 확인한 후 음료와 함께 제공 ▫ 준비된 식사메뉴를 안내하고 양식 Entrée는 조리법과 Starch도 함께 소개 ▫ 외국인에게 비빔밥 서비스 시 비빔밥 안내지 제공 및 취식 방법을 함께 설명 ▫ 와인 종류를 소개하고 주문받아 제공하고, 와인을 드시지 않는 분께는 다른 음료도 준비되어 있음을 안내 ▫ 한식 국 제공 시 반드시 '뜨거우니 조심하라'는 안내 후 주의해서 제공 ▫ 주무시는 승객은 서비스 스티커를 부착하고 깨어나면 취식 여부 확인 후 서비스 스티거 제거(취침 및 미취식 승객 정보 공유)
	Tea & Coffee	▫ Coffee는 제공 직전에 Brewing하여 신선하고 뜨겁게 제공 ▫ Tea 제공 시 준비된 Tea 종류를 소개한 후 제공 ▫ 승객의 화상 방지를 위해 항상 조심하고, Tray 높이를 낮춰 승객이 안전하게 집을 수 있도록 배려
	식사 회수	▫ Meal Tray는 천천히 회수하되 먼저 치워 주기를 원하는 승객에게는 우선적으로 응대 ▫ Meal Tray 회수 시 승객과 자연스런 대화를 유도하며 식사 서비스에 대한 만족도 확인
	Cabin Cleaning	▫ 화장실 점검항목을 참조하여 화장실 청결 유지 및 비품 보충 ▫ Aisle Cleaning 실시 및 Used Cup 회수

시점	점검사항	세부사항
비행 중	입국서류	ㅁ 국가별 출입국 규정을 정확히 숙지한 후 입국서류 배포 및 작성에 협조 ㅁ 입국서류는 Small Tray에 준비하여 제공하고 UM, FLMY 및 기타 도움 요청 승객에게는 개별적으로 응대
	기내 판매	ㅁ 국가별 액체류 반입규정 숙지 ㅁ 기내 판매 미가담 승무원은 승객 Care를 적극적으로 수행(기내면세품이 보관된 Galley 옆좌석 승객의 휴식을 방해하지 않도록 유의) ㅁ 기내 판매로 인해 승객 휴식이 방해되지 않도록 완료된 구역부터 기내 조명 조절
	승객 휴식	ㅁ Galley 불빛이 새어 나오지 않도록 주의하고 커튼 사용 시 주변 승객에게 방해가 되지 않도록 주의 ㅁ 승무원의 식사는 서비스 공백이 발생하지 않도록 교대로 실시 ㅁ PAX Call 응대는 다른 업무보다 최우선적으로 응대하여 주문사항 해결
	화장실 점검	ㅁ 화장실 점검항목에 의거해 청결 유지 활동 및 화장실용품 Refill 실시 (화장실 청결 상태를 수시로 점검하여 항시 청결 상태가 유지될 수 있도록 관리하고, 티슈나 화장실 비품 재고 상태를 수시로 확인)
	SPCL PAX Care	ㅁ UM, WCHR, FMLY 및 유 · 소아 동반 승객은 비행 중 수시로 Contact하여 불편사항 및 필요사항 확인 ㅁ 입국서류 작성 여부를 재차 확인하고 필요시 적극적으로 도움 제공 ㅁ UM 등 어린이 승객은 표현력이 부족할 수 있으므로 어린이 눈높이에 맞춰 응대 ㅁ 비행시간 5시간 이상 중 · 장거리 노선은 UM 보호자에게 UM 편지 작성(편지내용 : 비행 중 식사내용을 포함한 관찰사항을 잘 정리하여 정성이 담긴 내용으로 작성)
	기내 쾌적성 유지	ㅁ 기내 온도는 24±1℃를 기준으로 조정하되 수시로 기내 온도 점검 ㅁ 기내 조명 조절 시 단계별로 조절 및 한 단계씩 바뀔 때마다 여유 있게 점진적으로 조절(각 클래스별 서비스 상황에 맞게 조절) ㅁ 커튼 조절 시 커튼의 위쪽을 잡고 천천히 여닫아 펄럭임을 최소화 ㅁ Galley 내에서는 잡담을 금하며 소음으로 인해 승객의 불편이 발생하지 않도록 조심스럽게 작업 수행 ㅁ 객실 순회 시 승객과 눈을 맞추며 천천히 이동하고, Aisle에 있는 쓰레기 수거
	기내 설비 점검	ㅁ Cabin Squawk 등 기내에 발생한 모든 IRRE 사항은 기내 보고체계에 따라 보고 ㅁ 기내 설비 관련 Squawk 사항은 사소한 것이라도 보고하여 Cabin Log에 기재하도록 조치

일반석 착륙 준비 ~ 승객 하기 시까지 업무 가이드

시점	점검사항	세부사항
착륙 준비	Approaching 후	▫ Approaching 안내 방송 실시 ▫ 좌석등받이/개인용 모니터/Tray Table 원위치 확인 ▫ Headphone을 자진 반환하는 승객을 대상으로 수거(중 · 장거리 노선) ▫ 미회수 서비스 Item 회수 ▫ Galley 내 유동물 보관 상태 점검 ▫ 기내 판매 관련 각종 제출서류 산출 및 점검 ▫ SPCL PAX에 대한 하기 안내 및 하기 인사 실시 ▫ 보관을 요청받은 물건 반환 ▫ 기내면세품, Liquor 류, 및 주요 서비스 Item Sealing 후 봉인여부 확인
	Landing 후	▫ Landing 안내 방송 실시 ▫ 좌석벨트 점검, 창문 덮개 Open 확인 ▫ 최종적인 객실 안전점검 업무 수행 ▫ Jump Seat 착석, 좌석벨트 및 Shoulder Harness 착용
착륙 후 ~ 승객 하기 시	안전 업무	▫ 항공기 완전 정지 시까지 승객 이석 제지 ▫ Safety Check 실시(객실 사무장의 지시에 맞춰 Slide Mode 변경) ▫ Slide Mode 변경 후 맞은편 승무원과 Cross Check 실시
	승객 하기	▫ 승객 하기 순서에 맞게 하기할 수 있도록 안내 ▫ UM, WCHR 및 FMLY 등 SPCL PAX는 운송 직원에게 정확히 인계 ▫ 승객 하기 완료 후 화장실 내 잔류 승객 여부 최종 확인
승객 하기 후	L/B 점검	▫ Overhead Bin, 담요, 좌석 상 · 하단 및 Seat Pocket 내부 등을 꼼꼼히 확인 ▫ 유실물 발견 시 즉각 보고하고 운송 직원에게 인계
	하기 용품 정리	▫ 화장실용품 및 Headphone 수거(사용분과 미사용분으로 구분, 보관) ▫ 그 외 객실 용품 정리
	디브리핑	▫ 비행 중 특이사항 보고(기내 환자, 불만 승객, 기내 설비 고장, 분실물 및 좌석 배정 관련 특이사항 등) ▫ 비행 후 반납 업무 보고(각종 인계인수서, 기내 판매 대금 등)

참고문헌

이영희·이지민(2015), 항공객실 서비스 실무, 센게이지러닝코리아

이영희·이지민(2006), 항공기 객실업무론, 연경문화사

신상태·박수진(2019), 항공서비스 업무 기본, 센게이지러닝코리아

대한항공 서비스 업무 교범

대한항공 신입사원 입사 교육 교재

대한항공 안전 업무 교범

대한항공 In-Flight Announcements Ⅰ, Ⅱ

NCS 학습모듈(항공 객실 서비스), 기내 안전관리, 승객 탑승 전 준비, 승객 탑승 및 이륙 전 서비스

나무위키(http://www.namu.wiki.com)

네이버 지식백과(http://www.naver.com)

대한항공 홈페이지(http://kr.koreanair.com)

한경 경제용어사전(http://dic.hankyung.com)

항공위키(http://www.airtravelifo.kr)

NCS 홈페이지(http://www.ncs.go.kr)